NETWORK MARKETING
TEAM BUSINESS

네트워크

유무급률관해 이웨배

커태크 리크크를
도시 시대에서 자유로운 1인 기업 맞춤비!

파이프
라인

마케팅
팀이란

성공의 비밀
팀에 있다

매트릭스 방식
때 하이브리드

보상을 알면
사업이 보인다

무엇인가

승용하 규뉴

위대한
선택

유니레벨 방식
바이너리 방식

팀비즈니스   팀워크
시크릿

팀비즈니스   팀으로 승부하라!
해해큐화노형흐

백만장자 길잡이

비즈니스 3.0시대

도서출판 LINE

시작하며

 옛날 어느 산골에 나이든 나무꾼 아버지와 삼형제가 살았습니다. 오래전에 아내와 사별한 아버지는 삼형제가 엄마의 빈자리를 느끼지 않도록 최선을 다해 양육에 힘썼습니다. 아버지는 열심히 나무를 베어 장에 내다 판 돈으로 삼형제를 돌봤지만, '가지 많은 나무에 바람 잘 날 없다'는 속담처럼 삼형제는 매일 티격태격 싸워 아버지의 마음을 아프게 했습니다.

 삼형제는 싸우지 않는 날이 없었고 어느 날 아버지는 병으로 몸져눕고 말았습니다. 아버지는 병상에 누워서도 늘 삼형제를 걱정했습니다.
 '저 녀석들이 지금도 저렇게 싸우는데 내가 죽으면 어찌될꼬. 아, 어쩌면 좋을까!'
 아버지의 소원은 삼형제가 싸우지 않고 서로 의좋게 지내는 것이었습니다. 병상에 누워서도 고민하던 아버지는 결국 식음을 전폐하고 힘없이 천장만 바라보고 있었습니다. 그러던 중 갑자기 아버지의 머릿속에 아이디어가 떠올랐습니다.

다음 날 아침 아버지는 삼형제를 모두 불렀습니다. 그리고 막내에게 마당에서 가는 나뭇가지 한 묶음을 가져오라고 했습니다. 삼형제는 어리둥절한 표정으로 나뭇가지 한 묶음을 옆에 두고 아버지 곁에 나란히 앉았습니다. 기력이 다한 아버지는 힘없는 목소리로 말했습니다.

"너희들에게 긴히 할 말이 있어서 불렀다. 막내가 가져온 나뭇가지를 각자 하나씩 집어 들어라."

삼형제는 아버지가 시키는 대로 나뭇가지를 하나씩 집어 들었습니다. 첫째아들이 말했습니다.

"아버지, 나뭇가지를 하나씩 들었습니다. 이걸로 무얼 해야 하죠?"

아버지는 질문에 대꾸하지 않고 이렇게 말했습니다.

"너희들이 들고 있는 나뭇가지를 힘껏 부러트려라."

아버지의 말이 끝나기가 무섭게 삼형제는 아주 쉽게 손에 들고 있던 나뭇가지를 부러트렸습니다. 여전히 영문을 모르는 삼형제는 아버지의 입에서 무슨 말이 나올지 궁금해 하며 아버지를 쳐다보았습니다. 아버지가 다시 삼형제에게 말했습니다.

"부러트린 나뭇가지를 합쳐서 다시 부러트려보아라!"

삼형제는 나뭇가지 두 개를 겹쳐서 부러트렸고 이번에도 별로 힘들지 않았습니다. 삼형제는 네 개로 부러진 나뭇가지를 바닥에 내려놓았습니다. 아버지는 바닥에 놓인 나뭇가지를 보고 삼형제에게 말했습니다.

"큰애야, 바닥에 있는 나뭇가지를 가지런히 모아 다시 부러트려 보아라!"

"네, 아버지."

첫째아들은 아버지가 시키는 대로 양손에 네 개로 부러진 나무를 모아 온 힘을 다해 부러트리려 했지만 나뭇가지는 부러지지 않았습니다. 그 모습을 보고 있던 아버지는 다시 둘째와 막내에게도 똑같이 해보라고 했습니다.

"얍!"

둘째아들도 힘만 쓰다가 결국 포기해버렸습니다. 나뭇가지를 주워든 막내아들도 젖 먹던 힘까지 쥐어짜 나뭇가지를 부러트리려고 했지만 실패했습니다. 결국 나뭇가지를 부러트리지 못한 삼형제는 얼얼해진 손만 어루만졌습니다. 그 광경을 보고 있던 아버지가 눈을 지그시 감으며 말했습니다.

"얘들아, 어떠냐? 하찮은 나뭇가지도 그렇게 여러 개가 모이니 쉽게 부러트리지 못하겠지?"

삼형제는 조용히 고개를 끄덕였습니다.

"지금까지 너희들은 허구한 날 싸우고 갈등을 일으키며 지내왔다. 계속 그렇게 살면 너희들은 연약한 나뭇가지 하나에 불과할 것이다. 쉽게 부러지지 않으려면 어떻게 해야겠니? 그 답은 너희가 이미 해본 대로 뭉치는 데 있다."

아버지는 가쁜 숨을 몰아쉬더니 말을 이어갔습니다.

"너희 각자는 하나의 나뭇가지처럼 시련이 닥쳤을 때 쉽게 부러지지만 뭉치면 어떠한 어려움도 이겨내고 잘 살 수 있을 것이다. 이것이 이 아비가 너희에게 해주고 싶은 마지막 말이다."

아버지는 삼형제에게 이러한 삶의 지혜를 알려주고 세상을 떠났습니다.

나뭇가지를 직접 부러트려본 삼형제는 그날 많은 것을 느꼈습니다. 그 경험은 삼형제에게 평생의 교훈으로 남았고 그들은 각자 결혼한 후에도 서로 우애 있게 오래도록 행복하게 살았습니다.

이 일화가 우리에게 주는 교훈은 간단합니다.

'뭉치면 살고 흩어지면 죽는다!'

아주 익숙한 얘기라 무심히 지나칠 수도 있지만 이것은 팀이 어떤 위력을 발휘하는지 잘 보여줍니다. 팀은 혼자서는 불가능한 것도 얼마든지 가능하게 해줍니다.

이 책은 그처럼 '팀'에 관한 얘기를 다루고 있습니다. 특히 왜 팀을 이뤄야 하는지, 팀을 만들면 내게 어떤 혜택이 있는지 알아보고 팀을 활용해 성공한 비즈니스를 살펴보고자 합니다.

이제부터 팀 비즈니스에 관한 재미있는 여행을 떠나볼까요?

Contents

시작하며 —8

TEAM BUSINESS 01
세상은 '팀'으로 가득하다 —15

TEAM BUSINESS 02
비즈니스 역시 '팀'이 중요하다 —23

TEAM BUSINESS 03
팀을 구성하는 네 가지 요소 —29
회사 / 비전 / 사람 / 보상

TEAM BUSINESS 04
팀을 만드는 두 가지 방법 —39
직접 만든다 / 팀에 편승한다

TEAM BUSINESS 05
팀이 전부다 —49
네트워크 마케팅 사업의 구성요소 / 네트워크 마케팅의 핵심은 사람

Contents

TEAM BUSINESS 06
원 팀으로 네트워크 구축하기 _61
원 팀 만들기 / 복제 / 후원수당 / 좋은 팀을 위한 조력자

TEAM BUSINESS 07
나를 변화시키는 비즈니스 _87
꿈을 찾아주는 프로그램 / 봉사와 나눔의 문화

TEAM BUSINESS 08
팀의 롤모델 _99
사장들의 모임 / 꿈이 있는 사람들의 모임 / 부자들의 모임 / 멘토와 멘티의 모임

TEAM BUSINESS 09
긍정적인 팀의 시너지 효과 _113

마치며 _118

TEAM BUSINESS **01**

세상은 **'팀'**으로 가득하다

TEAM BUSINESS 01

세상은 '팀'으로 가득하다

태곳적 인간이 세상에 출현한 이래 무리 생활은 그들의 생명을 보호해주는 안전장치였습니다. 어디까지나 상상과 고고학자들의 연구에 토대를 둔 것이긴 하지만 원시시대를 묘사한 영화를 보면 인간은 무리를 지어 자기들보다 몇 십 배나 더 큰 동물을 사냥했습니다.

조선시대까지만 해도 보부상들은 먼 길을 이동할 때 산적이나 짐승의 습격으로부터 스스로를 보호하고자 무리를 지어 이동했습니다. 인간들은 전쟁을 할 때도 가장 먼저 무리를 끌어 모으는 일에 주력했습니다. 그리고 전쟁의 통계가 보여주듯 항상 머릿수가 많은 쪽이 승리했습니다.

이를 보면 팀(Team)으로 뭉치는 것은 아주 오랜 옛날부터 인간이 생존을 위해 본능적으로 선택한 수단이자 무의식적인 행동이라 할 수 있습니다.

무리, 곧 팀은 생존을 담보해주었을 뿐 아니라 역사를 만들고 새로운 세상을 창조했습니다. 지금까지 역사 속의 다양한 문명, 사회적 조류 및 문화는 실제로 세상에 위대한 팀이 존재했음을 생생하게 보여줍니다.

일반적인 팀을 이야기하기 전에 먼저 특별한 팀을 소개하겠습니다. 그것은 팀으로 협업해 조화를 이끌어내는 우리 몸에 관한 것입니다. 우리는 보통 간과하지만 인체도 팀으로 활동하며 생명을 유지해 나갑니다. 매우 정교하고 조직적인 그 팀워크의 위대함은 이루 말로 표현하기가 어렵습니다.

그러면 우리가 음식물을 섭취하는 과정을 생각해봅시다.

일단 우리는 자신이 먹고 싶은 음식물을 입에 넣습니다. 음식물을 처음 접하는 곳은 입 안의 혀와 치아인데, 혀는 음식물을 받아 입 안에 골고루 배분하고 치아는 그것을 잘게 분쇄합니다. 그러는 동안 침샘에서 소화액이 분비되어 음식물의 소화를 돕고 잘게 으

깨진 음식물은 식도를 거쳐 위로 넘어갑니다.

위에서는 위액이 분비되어 다시 한 번 음식물을 분해하는데 이때 최소 단위 영양소로 나뉩니다. 이후 소장, 대장을 거치면서 영양소는 간으로 가고 찌꺼기는 변으로 배출됩니다. 영양소를 받아들인 간은 안전 검사와 해독하는 작용을 한 뒤 피를 통해 영양소를 폐와 심장으로 보냅니다. 이것이 온 몸에 퍼지면서 에너지를 생성하는 것입니다.

이 모든 과정이 우리가 음식물을 섭취했을 때 인체가 한 팀이 되어 움직이는 방식입니다. 우리 몸은 이러한 과정을 통해 세포가 영양소를 섭취함으로써 건강을 유지합니다. 우리가 평소에 일일이 인식하는 것은 아니지만 이처럼 우리 몸은 음식물 섭취 과정을 통해 매일 팀의 위대함을 경험하고 있습니다.

만약 팀으로 소화 과정을 돕는 장기 중 하나에 이상이 생기면 우리 몸은 어떻게 될까요? 본래 인체는 완벽한 팀워크를 발휘하지만 어떤 이유로든 장기가 하나라도 제 기능을 하지 못하면 팀워크가 깨지면서 생존에 위협이 가해집니다.

그럼 우리가 사는 세상으로 눈을 돌려봅시다.

'팀워크' 하면 떠오르는 가장 대표적인 생물은 바로 개미입니다.

자신보다 몇 백 배나 더 큰 물건을 들 수 있는 개미는 생존을 위해 무리지어 생활합니다. 그들은 생존을 위한 최선의 방법이 각자도생(各自圖生, 제각기 살길을 모색함)이 아니라 무리 생활임을 알고 있는 듯합니다.

  마찬가지로 인간도 무리를 지어 살아갑니다. 인간 세상에서 무리의 최소 단위는 가족인데 사회적 동물인 인간이 출생과 동시에 접하는 최초의 팀이 바로 가족입니다. 여기서 한 가지만 생각해봅시다. 가족 구성원 한 명의 노력만으로도 전체 가족이 잘 살 수 있을까요?

  당연히 그렇지 않습니다. 가족이 별다른 문제없이 잘 살아가려면 가족 구성원이 각자 맡은 역할을 잘 수행해야 합니다. 부모는 함께 경제적인 일과 살림, 양육에 힘써야 하고 자녀들은 부모의 뜻을 받들어 미래를 위한 배움에 힘써야 합니다. 이것이 행복한 가족이라는 팀을 유지해주는 초석입니다.

  좀 더 시야를 넓혀 우리가 딛고 있는 대자연은 어떨지 생각해봅시다. 우리가 이미 알고 있듯 대자연이라는 생태계는 태양, 공기, 대지, 바람, 물 등 모든 것이 하나의 팀으로 조화롭게 움직이면서 세상의 생존을 담보합니다.

이처럼 세상에 존재하는 모든 것은 팀으로 움직입니다. 그런 만큼 세상에는 참으로 다양한 팀이 존재합니다. 평소에 우리가 관심을 기울이지 않는 것까지도 팀을 이뤄 존재하고 무수히 많은 팀이 생성되었다가 사라집니다. 이쯤에서 이런 의문이 생길지도 모릅니다.

'왜 세상은 팀으로 존재하는 것일까?'

우리는 왜 혼자 떨어져 존재할 수 없는 것일까요? 지금까지 살펴본 바로는 팀은 곧 생존과 직결되는 자연의 섭리입니다. 만물은 태곳적부터 생존을 위해 팀을 이루며 살아왔습니다. 자연계의 모든 생물은 환경이 안겨주는 위협을 극복하기 위해 팀으로 생활한 덕분에 위험에서 벗어나는 동시에 원하는 것을 얻었습니다.

그러한 본능은 오랜 세월을 거치면서 시대와 장소만 바뀌었을 뿐 현대에도 고스란히 살아 있습니다. 자연의 일부인 우리도 원시시대에 무리 생활을 하던 사람들처럼 생존을 위해 가족과 국가, 회사, 단체의 일원으로 살아가며 안전과 재화를 확보하고 있습니다.

이렇듯 세상에는 생존과 욕구를 위한 다양한 팀이 존재합니다.

지금 이 글을 읽고 있는 여러분도 다양한 팀에 속해 있을 것입니다. 그리고 그 팀을 통해 생존을 이어가는 한편 욕구 충족을 위해 열심히 활동하고 있을 것입니다. 인간에게는 무리를 지어 살아가고자 하는 DNA가 깊이 박혀 있습니다.

TEAM BUSINESS **02**

비즈니스 역시 **'팀'**이 중요하다

TEAM BUSINESS 02

비즈니스 역시 '팀'이 중요하다

다양한 팀으로 구성된 세상의 일원으로 살아가는 우리는 마치 하나하나의 세포처럼 팀의 구성 인자입니다. 세상의 그 많은 팀 중에서 가장 능동적이고 활발하게 움직이는 팀은 바로 인간이 만든 팀입니다. 사람은 사회적 동물로 아주 오랜 옛날부터 무리를 이뤘고 그 속에서 각자 다양한 역할을 수행하며 살아왔습니다.

물론 사람들이 다양한 팀을 만든 목적은 각자의 이익을 얻는 데 있습니다. 즉, 팀을 통해 스스로를 보호하고 원하는 것을 얻고자 팀을 구성한 것이지요. 인류 역사를 돌아보면 원시시대에 인간은 무리를 지어 사냥을 함으로써 먹을 것을 얻었습니다. 농경시대에는 팀으로 농사를 지어 곡식을 거뒀습니다. 그리고 공업시대가 열린 뒤에는 많은 사람이 공장에서 함께 일해 벌어들인 돈으로 생계를 해결했습니다. 정보화시대인 지금도 장소와 도구만 바뀌었을 뿐 인간은 회사(직장)라는 곳에서 부서 단위로 일을 해 생계유지와 자아실현을 도모하고 있습니다.

오늘날 회사(직장)는 인간이 경제활동을 하는 곳으로 다양한 팀이 존재하는 대표적인 공간입니다. 즉, 회사는 현대인의 생존과 욕구 충족을 위해 필요한 것을 제공하며 또 그런 이유로 많은 사람이 회사를 세웁니다. 일단 회사를 세우면 창립자는 자신과 함께 일할 사람들을 고용해 팀을 만듭니다.

일정한 목적을 위해 회사에 모여 함께 일하는 사람들은 생존, 자아실현, 행복 등을 추구합니다. 그리고 회사의 성장과 더불어 회사 내에 팀이 계속해서 생겨납니다. 그처럼 수많은 팀이 회사라는 울타리 안에서 유기적으로 활동하고 있지요. 이런 유기적인 활동을 두고 우리는 '비즈니스'라고 부릅니다. 비즈니스 하면 일반적으로 '사업'을 떠올리지만 사실은 회사와 관련해 이뤄지는 모든 활동이 비즈니스입니다.

회사에서 이뤄지는 비즈니스는 얼마나 다양할까요? 사람과 사람, 팀과 팀이 함께 수행하는 일이 비즈니스이므로 그 종류는 헤아리기 힘들 만큼 다양합니다.

앞서 보았듯 우리 인체는 음식물 섭취와 분해 및 소화, 영양소 흡수 등을 위해 하나의 팀처럼 유기적으로 움직입니다. 회사도 마찬가지입니다. 일단 회사에서 어떤 일거리, 즉 프로젝트를 시작하면 사장은 중추적인 역할을 하는 임원들을 불러 모아 회의를 엽니다. 이것은 일종의 첫 번째 팀 비즈니스입니다.

임원진 회의에서는 보통 프로젝트의 타당성을 비롯해 그것을 완료했을 때 얻을 수 있는 결과를 도출해 프로젝트 수행 여부를 결정합니다. 일단 프로젝트에 돌입하면 각 부서장들은 부서에서 맡을 영역을 정하고, 이어 부서회의를 한 끝에 팀원들과 함께 일을 시작합니다. 이때 부서장들은 각자 맡은 바 내용을 검토한 뒤 업무에 적합한 사람들에게 업무를 분담합니다.

한편 팀 실무자는 프로젝트에 성공하기 위해 세부 계획을 세우고 관련된 사람들과 긴밀하게 접촉해 과업을 완성합니다. 그리고 결과물이 나오면 다시 부서회의를 거쳐 임원진 회의에서 사장과 임직원들이 함께 검토한 뒤 최종 결정을 내립니다.

이처럼 회사의 다양한 팀들은 프로젝트에 성공하기 위해 목표를 공유하면서 유기적으로 움직입니다.

그처럼 다양한 팀이 서로 맞물려 돌아갈 때 만약 어느 한 팀이 맡은 바 역할을 제때 수행하지 못하면 어떤 일이 벌어질까요? 당연히 프로젝트는 삐걱거리고 맙니다. 즉, 완료 기간을 늦추거나 심한 경우 실패를 선언할 수밖에 없습니다. 비즈니스에서 팀워크를 중요시하는 이유가 바로 여기에 있습니다.

TEAM BUSINESS **03**

팀을 구성하는 **네 가지 요소**

TEAM BUSINESS 03

팀을 구성하는 네 가지 요소

비즈니스에서 좋은 결과를 내려면 팀이 유기적으로 움직여야 합니다. 그러면 팀이 유기적으로 움직여 좋은 결과를 내기 위한 핵심 요소를 살펴봅시다. 그 요소에는 네 가지가 있는데 회사, 비전, 사람, 보상이 바로 그것입니다.

이 네 가지 요소는 팀의 유기적인 활동에 필수적인 것으로 정확히 정사각형의 균형을 유지하는 것이 좋습니다. 지금부터 각각의 요소를 자세히 살펴봅시다.

회사 Company

회사는 비즈니스 팀의 가장 큰 울타리이자 팀의 생존을 책임지는 안전지대입니다. 회사는 보통 두세 명의 팀으로 출발하는데 처음에 이들의 힘은 미약하지만 팀원들의 역할에 따라 얼마든지 성장할 수 있습니다. 사람에게 신용등급이 있듯 회사에도 신용등급이 있는데, 그 등급에 따라 회사는 세상의 평가를 받고 그것으로 신뢰를 얻습니다.

세계적으로 신용등급이 우수한 회사에는 확실한 철학이 있으며 그것은 구성원의 비전이기도 합니다. 특히 회사는 경영진의 마인드가 중요한데 그들에게 멀리 내다볼 줄 아는 능력이 있어야 회사 경영에서 안정을 도모할 수 있습니다.

회사는 규모와 상관없이 내실이 있는 회사의 팀이 더욱 단단하게 뭉칩니다. 또한 이익보다 사람을 우선시하는 회사의 팀이 더 끈끈함을 발휘합니다.

회사라는 핵심 요소는 비전, 사람, 보상이라는 나머지 요소와 서로 맞물려 있습니다. 쉽게 말해 비전과 보상이 직원들의 욕구 충족과 맞물려 있어서 보다 나은 삶을 보장해주는 회사일수록 팀은 능력과 잠재력을 더욱더 잘 발휘합니다.

많은 사람이 이직의 원인을 자신의 욕구와 맞지 않는 회사의 방향을 꼽습니다. 이러한 상황은 팀의 붕괴를 초래할 수도 있습니다. 특히 요즘에는 복지 조건이 사람들의 큰 관심을 받고 있는데 이것은 팀의 안정화에 중요한 밑바탕입니다.

회사의 존재 이유는 돈을 버는 데 있고 이를 위해 중요한 요소 중 하나가 타이밍입니다. 일단 회사는 세계적인 트렌드를 예측해 대처할 줄 알아야 합니다. 즉, 유지와 성장의 타이밍을 잘 맞춰 회사가 계속해서 유지 및 성장하도록 해야 합니다. 이것이 팀을 유지하는 또 하나의 중요한 사항입니다.

팀이 능력과 잠재력을 발휘하기 위해서는 회사가 지속적으로 성장함으로써 사람들의 든든한 버팀목이 되어주어야 합니다. 눈앞의 이익에만 연연하는 비전 없는 회사, 사장과 회사의 이익을 위해 팀이 희생해야 하는 회사 그리고 회사 발전에 공헌한 사람들에게 충분한 보상을 지급하지 않는 회사는 그 수명이 오래갈 수 없습니다.

요즘의 회사 경영 트렌드는 이익에 앞서 사람을 먼저 생각하고 사회공헌을 우선시하는 것입니다. 수준 높은 의식으로 팀을 리드하는 회사가 오래 번창하게 마련입니다.

비전 Vision

비전의 사전적 의미를 찾아보면 '장래에 대한 구상, 이상으로 그리는 구상', 즉 미래상이나 전망으로 표현되어 있습니다. 어떤 회사의 비전을 보면 그 미래를 어느 정도 예측할 수 있습니다. 이를테면 비전은 아직은 규모가 작고 미약하지만 머지않아 큰 회사가 될 수 있다는 믿음, 직관을 갖게 해줍니다.

회사의 비전은 조직 구성원 각자의 비전이 모이면서 보다 견고해집니다. 팀을 이룬 사람들의 성장이 곧 회사가 성장하는 길이고, 회사가 성장하는 것이 곧 팀이 성장하는 길입니다. 이럴 때 서로 비전이 통한다고 말합니다.

'돈 없는 사람은 봐줘도 비전 없는 사람은 봐줄 수 없다'는 말이 있듯 비전은 회사가 얼마나 성장 가능성이 있는지 가늠하게 해줍니다. 회사 설립자와 임원진의 철학 그리고 그 철학에 동참하는 직원들의 마인드는 비전을 더욱 크고 단단하게 만들어줍니다.

이익을 지상 최대의 과제로 생각하는 회사, 사람을 결과물을 만드는 로봇으로 여기는 회사, 돈만 많이 벌면 된다고 생각하는 회사에는 비전이 없는 것이나 마찬가지입니다. 모두가 인정하는 회사에는 업무를 통해 보람을 느끼는 사람과 충분한 보상 및 비전이 있습니다.

비전은 홀로 돋보일 수 있는 요소가 아닙니다. 그것은 회사, 사람, 보상과 조화를 이룰 때라야 존재 가치가 있습니다.

사람 People

네 가지 핵심 요소 중에서 '사람'은 가장 유동적인 요소입니다. 더불어 나머지 세 가지 요소에 가장 큰 영향을 주는 요소이기도 합니다. 사람은 팀의 시작과 끝으로 모든 요소에 관여합니다. 큰 범위의 핵심 요소인 회사, 비전, 사람, 보상 중에서도 '사람'이란 요소 안에는 여러 사람이 모인 작은 범위의 팀이 존재합니다.

회사에서는 최소한 두세 명이 팀을 이뤄 일을 진행합니다. 그들의 뜻이 모여 회사의 비전이 정해지고 그 성과에 따라 만족할 만한 보상을 누립니다.

사람이란 핵심 요소에서 가장 중요한 것은 서로 간의 의사소통입니다. 의사소통이 원활해야 팀의 능력과 잠재력을 최대한 발휘할 수 있고 회사, 비전, 보상과 더불어 사람으로 이뤄진 완벽한 팀을 구성할 수 있습니다.

사람들은 흔히 이렇게 말합니다.

"아무리 돈을 많이 주는 회사일지라도 사람이 싫으면 그만두고 싶다."

그만큼 사람 사이의 의사소통은 아주 중요한 일입니다. 예를 들어 벽돌을 하나하나 쌓아 담벼락을 만든다고 해봅시다. 벽돌 사이 사이에는 시멘트가 있는데 벽돌을 사람에 비유할 경우 그 사람들을 단단히 연결해주는 것은 바로 시멘트입니다. 그 시멘트는 저절로 생기는 것이 아니라 자주 소통을 해야 형성됩니다. 얼마나 자주 소통하느냐가 보다 튼튼한 팀, 원대한 비전을 꿈꾸는 팀, 커다란 결과를 통한 보상을 만들어내는 팀으로 거듭나는 관건입니다.

보상 Compensation

비전이 비즈니스의 시작이라면 보상은 비즈니스의 완벽한 마무리입니다. 이러한 보상은 사람들의 생존에 직접적인 영향을 주는 요소입니다. 만약 원대한 비전에도 불구하고 적절한 보상이 따라주지 않으면 팀의 사기는 당연히 떨어집니다. 심지어 팀이 존폐 위기에 내몰릴 수도 있습니다.

보상은 항상 투자한 만큼 주어져야 합니다. 그리고 가능한 한 짧은 기간 내에 주기적으로 받을 수 있어야 합니다. 그렇지 않으면 여러 가지 좋지 않은 상황이 발생합니다. 실제로 자신이 노력한 만큼 보상받지 못한다고 생각하는 사람은 회사를 자주 옮겨 다닙니다. 사람이 자주 바뀔 경우 비즈니스의 효율성이 떨어지면서 팀의 분위기가 가라앉고, 이것이 전체적으로 좋지 않은 영향을 미칠 수 있습니다.

업무에 최선을 다해 좋은 결과를 만들었는데 인정받지 못하면 심지어 개인적인 이익을 위해 업무상 중요한 정보를 다른 곳에 돈을 받고 파는 일도 있습니다. 물론 이런 일은 그릇된 생각에서 비롯되기도 하지만 그 원인을 곰곰이 따져보면 보상이 제대로 주어지지 않은 데 있습니다.

보상받아야 할 대상, 시기, 정도를 적절히 고려한 보상은 비전만큼 강력하게 동기를 부여합니다.

지금까지 팀을 구성하는 네 가지 요소를 살펴보았습니다. 각각의 요소를 살펴보았듯 결국에는 회사, 비전, 사람, 보상이 팀으로써 적절히 움직여야 기대하는 결과를 얻을 수 있습니다. 이제 팀을 만드는 방법을 알아봅시다.

TEAM BUSINESS **04**

팀을 만드는 **두 가지 방법**

TEAM BUSINESS 04

팀을 만드는 두 가지 방법

팀을 구성하는 네 가지 핵심 요소가 잘 맞물려 돌아갈 때 팀은 모두에게 행복한 결과를 낼 수 있습니다. 누구나 이런 팀을 만들고 또 함께하기를 원하는 이유가 여기에 있습니다.

그러면 우리가 이상적인 팀을 만들기 위해서는 어떻게 해야 할까요? 팀을 만드는 방법에는 두 가지가 있는데 지금부터 그것을 살펴봅시다.

직접 만든다

이것은 많은 사람이 팀을 만드는 가장 보편적인 방법입니다. 사람들은 자기 사업을 위해 회사를 설립하고 함께할 사람을 고용합니다. 그리고 비전을 통해 팀원들의 업무 능력을 향상시키며 그에 따른 보상을 지급합니다.

회사 설립자는 이 모든 것을 직접 진행합니다. 이렇게 만들어진 팀은 상하관계인 직급에 따라 역할을 나눕니다. 회사 설립자는 사장, 회사 설립을 도운 사람은 임원, 그다음으로 그들 밑에 직원을 둡니다. 일정한 조건을 충족시켜 입사한 직원들은 다시 부장, 과장, 대리, 평사원 등으로 나뉘며 이들이 회사의 실무를 담당하고 비즈니스를 전개합니다.

유기체나 다름없는 회사를 유지하고 나아가 성장하게 하려면 팀원들이 직급에 맞게 주어진 역할을 잘 수행해야 합니다. 사장은 대체로 회사의 전반적인 업무와 최종 결정을 맡고 직원들은 업무와 직급에 따라 움직입니다.

그런데 실제로 회사가 이상적인 모습으로 움직이는 것은 결코 쉬운 일이 아닙니다. 그 원인은 팀원들의 위치에 있습니다. 이들은 팀원인 동시에 개인적으로 원하는 목표가 각각 다른 구성원입니다. 사장과 임직원은 최고의 회사를 만드는 것이 최우선 목표입니다. 이에 따라 이들은 회사의 성장을 위해 늘 회사 일을 우선시합니다.

반면 직원들의 목표는 이들과 조금 다릅니다. 물론 이들도 회사의 성장을 위해 자신의 능력을 최대한 발휘하지만 회사가 나아가는 방향이 자신의 뜻과 어긋나면 회사보다 개인적인 이익에 집중합니다. 이 경우 사장을 제외한 대부분의 팀원이 회사가 대우해주는 만큼만 능력을 발휘합니다. 만약 회사에 대한 불만이 쌓이면 기회를 엿보다가 아예 다른 회사로 이직해버립니다.

회사가 상황에 따라 직원을 구조조정하기도 하지만, 직원 역시 자기 여건에 맞춰 거리낌 없이 이직을 선택합니다. 한마디로 오늘날에는 평생직장의 개념을 찾아보기가 어렵습니다.

회사가 성장할 때는 모두 하나가 되어 움직입니다. 반대로 회사가 어려우면 사장과 직원이 각자의 입장을 내세우는 경우가 많습니다. 특히 보상의 차이는 이 둘을 가장 극명하게 대립 구도로 몰아가는데 사장은 이사보다 더 벌고, 이사는 과장보다 더 벌며, 과장은 평사원보다 더 법니다.

결국 상하관계로 이뤄진 팀은 각자 직급만큼 일하고 주인정신도 직급에 비례합니다. 이런 여러 가지 이유로 인해 팀은 만드는 것도 어렵지만 유지하는 것은 더욱더 어렵습니다.

그럼 팀을 잘 유지하려면 어떻게 해야 할까요? 회사 경영에서 팀을 잘 유지하고자 할 때 팀원 각자의 역량보다 더 중요한 것이 팀장인 사장의 마인드입니다. 부모가 모범을 보여야 자녀가 잘 자라듯 사장이 모범을 보여야 직원들도 업무에 집중합니다. 사장의 마인드는 회사의 많은 부분에 영향을 미치며 그것이 곧 비전인 회사도 있습니다. 그런 의미에서 회사의 흥망성쇠는 리더인 사장의 경영 철학에 달려 있다고 해도 과언이 아닙니다.

회사를 설립하는 것, 즉 직접 팀을 만드는 것은 자신의 목표를 달성하는 가장 빠른 방법이지만 여기에는 신중한 선택과 행동이 필요합니다. 회사 설립 및 유지에 다양한 능력과 경제력이 필요하기 때문입니다.

무수히 많은 사람 중 과연 몇 명에게 이런 능력이 있을까요? '사업은 하늘이 점지해준 사람만 할 수 있다'는 말이 있을 정도로 회사를 창업해 안정적인 기반을 닦는 것은 매우 어려운 일입니다. 회사를 설립하고 팀을 만들어 비즈니스를 전개하는 일은 특별한 사람만 성공할 수 있을 정도로 많은 위험부담이 따른다는 얘기입니다.

팀에 편승한다

또 다른 방법은 팀과 함께 내 팀을 만드는 것입니다. 이것은 쉽게 팀에 편승(便乘)하는 방법으로 탁월한 능력이나 경제력을 갖추지 못한 평범한 사람에게는 이 방법이 좋을 수도 있습니다. 편승은 남이 타고 가는 차편을 얻어 타는 것을 뜻하며 흔히 타인의 세력을 이용해 자신의 이익을 도모하는 것을 표현할 때 사용합니다. 대표적으로 이미 만들어진 팀(타인)을 활용해 내 팀을 만드는 방법이 있습니다.

그러면 이미 만들어진 팀을 활용해 내 팀을 만들 수 있는 비즈니스 방식이 존재할까요? 그런 비즈니스 방식 중 대표적인 것이 네트워크 마케팅 비즈니스입니다.

네트워크 마케팅 회사는 일반 소비자와 서로 윈윈(Win-Win)의 관계를 형성합니다. 일단 회사에서 제품을 개발해 출시하면 소비자는 네트워크 마케팅 회사와 직거래로 제품을 사용해본 후 그 경험을 바탕으로 자신과 같은 소비자를 만듭니다. 그 소비자 역시 자신의 경험을 통해 또 다른 소비자를 만들어 가는데 이렇게 해서 형성된 것을 소비자 유통망이라고 합니다.

소비자 유통망을 만드는 프로 소비자는 네트워크 마케팅 회사와 동등한 입장에서 마케팅 계약을 맺고, 역시 동등한 조건 아래 각자의 이익을 위해 팀으로써 함께 일합니다. 쉽게 말해 전통적인 유통 방식에서는 판매자와 소비자가 나뉘어 있는 반면, 네트워크 마케팅에서는 소비자가 소비를 하면서 제품 유통에도 관여해 또 다른 소비자를 만듦으로써 '소비자 팀'을 구축합니다.

네트워크 마케팅 회사는 본사로서 제품 개발 및 생산을 담당하고 네트워크 마케팅 소비자는 제품 마케팅과 유통을 담당합니다. 이 둘의 공동 목표는 소비자 유통망을 키우는 것입니다. 특히 네트워크 마케팅 사업을 시작하는 소비자는 이 사업을 먼저 진행한 선배 소비자들과 팀을 이뤄 자신의 팀을 만듭니다.

네트워크 마케팅 비즈니스는 팀에 편승하는 대표적인 사업입니다. 네트워크 마케팅을 직업으로 선택한 사람을 독립 사업자(IBO, Independent Business Owner)라고 합니다. 독립 사업자는 소비자 유통망을 잘 만들기 위해 먼저 추천인인 선배 사업자들과 한 팀을 이뤄 그들이 운영하는 시스템에서 노하우를 배웁니다. 그렇게 배움을 통해 선배 사업자들과 함께 자신의 소비자 유통망을 만들어가는 것입니다. 네트워크 마케팅 사업에서는 이처럼 팀에 편승해 내 팀을 만드는 것이 자신의 이익과 밀접한 관계가 있으므로 나보다 팀을 먼저 생각하는 비즈니스를 펼칩니다.

네트워크 마케팅 비즈니스 팀은 각자 성과에 따른 보상으로 직급을 부여받습니다. 하지만 이것은 일반 회사가 직급에 따라 대우하는 것과는 차이가 있습니다. 또 팀원 모두가 동등한 독립 사업자로 모두의 호칭이 '사장'이며 직급에 따라 서열이 결정되는 일반 회사와 달리 모두가 평등합니다.

네트워크 마케팅 사업자에게 매달 지급하는 돈을 '후원수당'이라고 하는데, 이것은 말 그대로 자신과 함께하는 팀을 후원한 대가로 수당을 받는 것입니다. 따라서 자신이 속한 팀에 기여한 만큼 돈을 벌기 때문에 팀을 만들고 유지하는 것이 매우 중요합니다. 이것이 비즈니스의 전부라고 할 수도 있습니다.

이처럼 팀은 직접 만드는 방법도 있고 팀에 편승해 보다 쉽게 내 팀을 구축할 수도 있습니다. 여러분은 어떤 방법을 선택하겠습니까? 아니, 평범한 사람이 선택하기에 더 나은 방법은 무엇일까요? 당연히 팀에 편승하는 방법입니다. 여러분은 네트워크 마케팅 사업에서 최고의 팀을 만들 수 있습니다. 그러면 네트워크 마케팅 사업에서 팀이 중요한 이유와 팀을 만드는 요령을 살펴봅시다.

팀 협력은 성공을 위한 담보다.
팀 협력을 중시하지 않는 기업은 성공할 수 없다

― 빌 게이츠(마이크로소프트) ―

TEAM BUSINESS **05**

팀이 전부다

TEAM BUSINESS 05

팀이 전부다

네트워크 마케팅 비즈니스에서는 팀이 전부라고 해도 과언이 아닙니다. 물론 어느 비즈니스에서든 팀이 중요하지만 특히 네트워크 마케팅 비즈니스에서 팀이 전부인 데는 그럴 만한 이유가 있습니다.

여러분의 이해를 돕기 위해 운동경기에 비유해 설명을 하겠습니다. 운동경기 중에는 축구, 배구, 야구처럼 개인이 아닌 여러 사람이 팀을 이뤄 합심해야 하는 구기종목도 있습니다. 축구의 경우 경기를 할 때는 양쪽 팀 선수들에게 팀원으로서 각자 맡은 영역과 역할이 있습니다.

각 팀의 팀원, 즉 선수들은 게임에서 이기기 위해 맡은 바 역할을 충실히 수행합니다. 예를 들어 스트라이커는 골을 잘 넣고 미드필더는 중원을 점령하며 수비수는 상대방 스트라이커를 잘 막아내야 합니다. 물론 골키퍼는 점수를 내주지 않기 위해 골문을 잘 지켜야 합니다. 게임에서 이기려면 이들이 각자 맡은 바 역할을 완수하면서 서로 유기적으로 움직여야 합니다. 만약 이들이 맡은 역할을 제대로 해내지 못하고 서로에게 의지하거나 미루면 지고 맙니다.

이러한 구기 종목처럼 오로지 팀과 팀워크가 성패를 좌우하는 비즈니스가 바로 네트워크 마케팅 사업입니다.

한마디로 네트워크 마케팅 사업은 팀과 함께 팀을 만드는 비즈니스입니다. 그래서 '팀 비즈니스'라고 부르기도 합니다. 네트워크 마케팅으로 좋은 팀을 만들어 성공하려면 먼저 팀을 이루는 구성 요소를 살펴볼 필요가 있습니다.

네트워크 마케팅 사업의 구성 요소

네트워크 마케팅의 근간이 되는 구성 요소에는 회사, 제품, 사람이 있습니다. 이 세 가지 요소가 한 치의 모자람도 없이 균형을 이루고 있어야 좋은 비즈니스 모델이 될 수 있습니다.

① 회사

　네트워크 마케팅 회사는 네트워크 마케팅 비즈니스의 본질을 이해하고 준수합니다. 이런 회사는 누구에게나 평등한 사업 기회를 제공하고 독립 사업자(IBO)를 존중하며 그들과 함께 성장해 나갑니다. 무엇보다 회사 경영이 투명한데 이들은 늘 사업자들과 긴밀히 소통하면서 어떤 상황에서도 그들과의 상생을 도모합니다.

　독립사업자에게 제품 마케팅을 위임한 네트워크 마케팅 회사는 '왜 제품을 잘 만들어야 하는지', '왜 사람이 중요한지'를 정확히 숙지하고 있습니다. 좋은 네트워크 마케팅 회사는 트렌드에 민감하고 사람들의 삶에 비전을 제시합니다. 무엇보다 회사를 유지 및 성장시키는 원동력은 믿음과 신뢰이며 이것이 팀 비즈니스의 밑바탕입니다.

　누구나 네트워크 마케팅 사업을 검토할 때 가장 우선시해야 할 요소는 '회사'입니다.

② 제품

　네트워크 마케팅 회사만큼 중요한 요소가 바로 제품입니다. 제품은 곧 사업성과 직결되기 때문입니다. 네트워크 마케팅 제품은 소비자들의 니즈(Needs)에 충실합니다. 즉, 주로 수요가 많은 생필품을 취급하며 가격이 합리적이라 재구매가 잘 이뤄집니다. 특히 제품력이 뛰어나 소비자들 사이에 입소문이 잘 나고 제품 구입 시는 물론 그 이후까지 철저한 A/S 시스템을 갖추고 있습니다.

광고를 하지 않는 네트워크 마케팅 제품은 거의 대부분 입소문을 통해 유통이 이뤄집니다. 이 경우 원활한 유통이 이뤄지려면 제품력은 기본이며, 실제로 네트워크 마케팅 회사는 우수한 제품력 덕분에 소비 트렌드를 선도하고 있습니다.

탁월한 제품력은 많은 사람이 제품을 통해 네트워크 마케팅 사업을 접한다는 사실이 잘 보여줍니다. 네트워크 마케팅 회사에 진정한 마니아 소비자가 많다는 것은 제품 자체가 우수성으로 소비자에게 감동을 안겨주고 있음을 의미합니다.

③ 사람

네트워크 마케팅 비즈니스의 마지막 구성 요소이자 화룡정점은 사람입니다. 이제 시대가 변하고 사람들의 의식 수준이 높아지면서 네트워크 마케팅 사업의 장점을 이해하는 한편 직업으로 선택하는 사람들이 늘어나고 있습니다. 과거에는 사업에 실패했거나 직업이 없는 노인 혹은 주부가 많이 선택했지만 지금은 고학력 엘리트, 전문가, 미래를 준비하는 직장인이 많이 선택하고 있습니다.

네트워크 마케팅 비즈니스를 시작하는 사람에게는 확실한 꿈과 목표가 있고 이 사업에서 이미 성공한 사람들은 정직하고 겸손합니다. 무엇보다 비즈니스 특성상 사람이 사람에게 전달하는 인적 유통이라 사람을 소중히 여기는 것이 기본입니다. 이에 따라 사업을 하는 것 자체만으로도 사람의 위대함을 몸소 배울 수 있습니다.

꿈이 있어 즐겁고 비전이 있어 행복하며 매일 성장하는 사람들로 가득한 곳이 바로 네트워크 마케팅 비즈니스 세계입니다.

이러한 네트워크 마케팅 비즈니스에서는 회사, 제품, 사람이 멋진 팀을 이루고 있습니다. 그리고 이들 구성 요소는 여러분이 멋진 팀을 만들도록 적극 도와줍니다.

네트워크 마케팅의 핵심은 사람

네트워크 마케팅은 사람이 핵심입니다. 무엇보다 유통망 자체가 사람들로 구성되어 있고 제품 유통이 광고나 언론매체가 아닌 사람의 입소문으로 이루어지기 때문입니다. 비즈니스에서 특히 큰 작용을 하는 것은 독립 사업자와 소비자의 신뢰, 먼저 사업을 시작한 선배 사업자인 스폰서와 후배 사업자 간의 파트너십입니다. 이들이 하나의 팀으로 잘 움직이는 것이 사업에서 성공하는 열쇠입니다. 이제 이들이 어떻게 팀을 이루는지 살펴보겠습니다.

① 소비자와 사업자

소비자는 네트워크 마케팅 비즈니스에서 아주 중요한 존재입니다. 소비자가 없으면 네트워크 마케팅 사업 자체가 존립할 수 없습니다.

네트워크 마케팅의 본질은 소비자가 중간 유통(총판, 도매, 소매) 단계를 거치지 않고 직접 회사와 제품을 직거래하는 데 있습니다. 네트워크 마케팅 비즈니스에서 소비자는 자신이 먼저 제품을 직접 사용해봅니다. 그런 다음 자신의 좋은 경험을 바탕으로 제품을 유통시키면 그 대가로 중간유통업자가 챙기던 마진을 보상으로 받습니다. 네트워크 마케팅 비즈니스는 이런 관계로 회사와 소비자 사이에서 이뤄지는 비즈니스입니다. 그래서 소비자가 중요합니다.

네트워크 마케팅 비즈니스에서 소비자는 두 유형으로 나뉩니다. 하나는 단순 소비만 하는 일반 소비자입니다. 다른 하나는 제품과 사업을 통해 누군가를 후원해 유통망을 만들고 후원수당을 받는 독립 사업자입니다. 둘 다 소비자이지만 독립 사업자는 일반 소비자보다 더 제품을 애용하고 적극적으로 자신의 제품 유통망을 만드는 프로 소비자입니다. 독립 사업자도 처음에는 단순 소비만 하는 일반 소비자였다가 이후 사업성을 검토한 뒤 네트워크 마케팅 비즈니스를 직업으로 선택한 것입니다.

독립 사업자와 소비자 간의 신뢰는 제품을 안내하는 사업자가 회사 제품을 얼마나 잘 경험해보았는가에 달려 있습니다. 이 사업에서 제품 유통은 철저하게 입소문으로 이뤄지는데 사업자가 직접 사용해보지 않은 제품에 대해 정보를 전달하면 소비자에게 감동을 주지 못합니다.

독립 사업자와 소비자는 제품을 많이 사용해볼수록 끈끈한 하나의 팀으로 거듭납니다. 만약 여러분이 독립 사업자로 활동하고 있다면 회사에서 취급하는 전 제품을 사용해보는 것이 소비자를 늘리고 그들과 멋진 팀으로 활약하는 지름길입니다. 또한 이것은 안정적인 매출과 사업이 성장하는 발판입니다.

네트워크 마케팅 비즈니스에서 소비자는 많으면 많을수록 좋습니다. 특히 독립 사업자에게는 제품에 대한 충성도가 높은 마니아 소비자가 많을수록 좋습니다. 네트워크 마케팅 회사가 채택하는 제품은 제품력이 우수하므로 사업자가 조금만 노력하면 소비자를 확보하는 데 큰 어려움은 없습니다. 그리고 사업자의 정직한 제품 사용 후기, 사업과 제품에 관한 올바른 정보는 소비자의 알 권리를 충족시키는 한편 소비자가 혜택을 누리고 감동을 느끼게 합니다.

이것이 바로 소비자와 사업자가 멋진 한 팀이 되는 원리입니다.

② 스폰서와 파트너

스폰서와 파트너는 부모와 자식의 관계처럼 매우 밀접합니다. 이들은 서로 후원수당으로 묶여 있기 때문에 후원수당을 이해하면 더욱더 끈끈한 팀이 될 수 있습니다.

네트워크 마케팅 비즈니스에서 스폰서란 선배 사업자를 말합니다. 이들은 단순 소비만 하는 소비자가 아니라 제품 및 사업을 타인에게 전달하고 그들의 사업 진행을 돕는 사람입니다. 이들을 일반적으로 '스폰서'라고 부르는데 이들은 회사가 정한 절차를 거쳐 후원 활동을 합니다.

네트워크 마케팅 비즈니스에서 파트너란 후배 사업자를 말합니다. 선배 사업자인 스폰서에게 제품과 사업 정보를 전달받고 그것을 검토한 뒤 사업을 시작하면 누구나 파트너로 출발합니다. 사업 시작과 동시에 모두 파트너가 되지만 이들이 누군가를 리크루팅해서 함께하는 파트너가 생기면 그 사람은 곧바로 스폰서가 됩니다.

스폰서와 파트너가 하나의 멋진 팀으로 활약하려면 적극적인 후원 활동이 이뤄져야 합니다. 우선 스폰서는 회사가 지급하는 후원 수당 개념을 정확히 이해하고 파트너를 정성껏 지원합니다. 또한 올바른 제품 및 사업 정보를 가망 사업자에게 전달하고 지속적으로 만나 우의를 다집니다. 만약 가망 사업자가 사업을 하겠다는 결정을 내리면 그때부터 꾸준한 후원이 이뤄집니다.

스폰서는 무엇보다 사업을 준비하는 자세, 비전, 다양한 사업 정보 등을 아낌없이 제공합니다. 일단 가망 사업자가 사업을 하겠다는 결심을 하면 사업 파트너가 됩니다. 이때부터 스폰서는 새로 사업을 시작한 사업자에게 밀착해서 더 많은 후원을 합니다. 가령 소비자를 잘 만들도록 지원하고 파트너가 사업을 진행하면서 겪는 여러 가지 상황을 잘 헤쳐 나갈 수 있도록 다각도로 지원을 합니다. 신규 사업자는 언제든 스폰서의 도움을 받을 수 있으므로 사업상의 어려움과 두려움을 스폰서와 상의하는 것이 좋습니다.

사업 파트너는 스폰서의 가르침에 따를 준비를 갖춰야 합니다.

특히 사업에 생소하므로 배우고 따르는 것은 파트너의 당연한 자세입니다. 스폰서가 지속적으로 제공하는 정보와 자신에게 맞는 사업 컨설팅은 사업 파트너가 사업을 결정하는 계기가 되고, 그 사람은 사업을 시작하면서 스폰서를 믿고 의지합니다.

사업 파트너는 훌륭한 사업 기회를 제공한 스폰서에게 항상 감사하는 마음으로 가르침 하나하나를 열정을 다해 배워야 합니다. 이처럼 스폰서와 사업 파트너가 서로를 믿고 따르면 멋진 팀으로 활동하는 것은 물론 훌륭한 사업 시스템을 구축할 수 있습니다. 이 시스템은 스폰서와 사업 파트너의 긍정적인 에너지가 낳은 결실로 많은 후배 사업자와 예비 사업자에게 훌륭한 선례가 되고 있습니다.

TEAM BUSINESS **06**

원 팀으로 네트워크 구축하기

TEAM BUSINESS 06

원 팀으로 네트워크 구축하기

　네트워크 마케팅 비즈니스의 성공은 어떤 팀을 만드는가에 달려 있습니다. 팀을 만드는 기술은 비즈니스의 성공 전략과 직결되며 사업 시작과 동시에 익혀야 할 중요한 핵심 기술입니다.

　네트워크 마케팅 회사와 함께하는 독립 사업자들은 다양한 팀을 이루고 있습니다. 사업을 시작할 때 그들은 처음에는 스폰서 그룹에 속해 사람들과 함께 팀을 만드는 법을 배웁니다. 그런 다음 자기 팀이 어느 정도 성장하면 독립해서 새로운 팀을 만듭니다. 각각의 팀들은 성장을 도모하기 위해 팀워크를 체계화하며 이를 좋은 문화로 정착시키기 위해 최대한 노력을 기울입니다.

원 팀 만들기

위대한 팀은 팀원 각자에게 능력이 있는 팀이 아닙니다. 위대한 팀이란 모두가 한목소리를 내고 한 방향으로 정렬하는 팀을 말합니다. 이것이 바로 원 팀(One-Team)입니다. 다음은 원 팀으로 거듭난 팀의 사례를 재미있게 각색한 것입니다.

도일 씨는 매주 한 번씩 집 근처에 있는 옷가게를 찾아갔습니다. 처음 방문했을 때 옷가게 사장은 도일 씨를 본체만체했지만 세 번쯤 방문하자 조금씩 관심을 보이기 시작했습니다.

도일 씨는 옷가게 사장이 굉장히 마음에 들었습니다. 물론 도일 씨가 처음 방문했을 때는 인사도 제대로 받지 않았으나 그 사람에게서 왠지 모를 긍정적인 에너지가 느껴졌습니다. 무엇보다 표정이 밝았고 온몸에 생기가 넘쳐흘렀습니다.

도일 씨는 그 옷가게를 방문할 때마다 매번 다른 제품 정보지를 가져갔습니다. 그리고 옷가게에 들어가면 최대한 밝고 씩씩하게 인사하며 사장의 손에 정보지를 쥐어주었습니다. 그렇게 한 주, 한 주 시간이 흐르자 옷가게 사장은 반응을 보였고 짧게 한마디를 했습니다.

"이봐요, 이건 지난번에 봤던 내용입니다!"

도일 씨는 지난번에 방문할 때까지만 해도 말이 없던 사장이 한마디 하자 순간 당황했습니다. 그렇지만 잠시 숨을 고르고 말했습니다.

"아 그러세요? 그럼 이 내용을 읽어보셨겠네요?"

옷가게 사장이 머뭇거리자 도일 씨가 곧바로 말을 이었습니다.

"사장님이 제가 매번 드리는 정보지를 하나라도 읽었기를 바랐습니다. 왜냐하면 모두가 사장님에게 도움이 되는 정보이기 때문입니다."

말이 끝나기가 무섭게 사장은 궁금한 표정으로 물었습니다.

"어떻게 도움이 되는데요."

도일 씨가 살짝 미소를 지으며 말했습니다.

"잘 들어보세요, 사장님."

도일 씨는 간단하게 사업설명을 시작했습니다. 제품이 어떻게 좋은지, 그 제품이 어떤 혜택을 줄 수 있는지, 왜 사업성이 있는지 진지하게 알려준 것입니다. 도일 씨의 지속적인 방문으로 이미 감동과 신뢰를 느낀 옷가게 사장은 도일 씨 못지않게 진지한 표정으로 설명을 경청했습니다.

그렇게 30분 정도 흐르자 잘 듣고 대답하던 옷가게 주인이 이해가 간다는 표정으로 말문을 열었습니다.

"좀 믿기가 힘드네요. 진짜 그렇다면 이 사업을 하지 않을 이유가 없지요. 그런데…."

이 말을 들은 도일 씨는 다음과 같이 말했습니다.

"사장님, 이건 사실입니다. 그래서 그 이유를 알려드리고 싶습니다. 제가 속한 팀에 전문가가 있는데 다음에 그분과 함께 와서 궁금한 점에 대해 자세히 알려드리겠습니다. 내일과 모레 이 시간쯤에 올 수 있는데 언제가 좋으세요?"

잠깐 생각을 하던 사장은 모레가 좋다고 했습니다.

옷가게에서 나온 도일 씨는 곧바로 휴대전화를 꺼내 스폰서에게 전화를 했습니다. 서너 번 신호음이 울리더니 스폰서의 목소리가 들려왔습니다.

"사장님, 박도일입니다. 혹시 통화 가능하세요?"

도일 씨의 우렁찬 목소리가 들리자 스폰서는 반갑게 대답했습니다.

"네, 사장님. 지금 괜찮습니다. 무슨 반가운 소식이 있는 것 같은데요?"

도일 씨는 스폰서의 말이 끝나기가 무섭게 기쁜 소식을 전했습니다.

"사장님, 제가 이번 주에 집 근처에 있는 몇몇 상점을 돌아다니다가 한 옷가게 사장님을 만났습니다. 세 번째로 방문했을 때 드디어 마음을 열고 제품에 대해 물어보더군요. 그래서 제가 같은 팀의 전문가를 소개해드리기로 했습니다. 모레 오후 두 시에 미팅을 하기로 했는데 사장님이 시간이 되는지 알아보려고 전화를 드렸습니다."

이 말을 들은 스폰서는 도일 씨의 성실성에 마음이 끌렸습니다. 사업을 시작한 지 6개월에 접어든 도일 씨가 남의 눈을 의식하지 않고 열심히 사업을 진행하자 적극 돕고 싶었던 것입니다.

"도일 사장님, 그럼 그 시간에 함께 갑시다. 제가 시간이 약간 모호하긴 하지만 꼭 시간을 내겠습니다. 저녁에 사무실에 와서 더 자세한 이야기를 들려주세요. 우리가 팀워크를 발휘하면 모레 그분과 만나서 좋은 결과를 낼 수 있을 것입니다."

도일 씨는 스폰서의 응원에 천군만마를 얻은 듯한 기분이었습니다.

도일 씨는 여섯 시쯤 사무실로 갔습니다. 5분 정도 휴식을 취하고 있자 밖에서 발자국 소리가 들려오더니 스폰서가 문을 활짝 열고 들어왔습니다.

"도일 사장님, 먼저 와 계셨군요. 축하해요. 좋은 분을 만나서…"

"감사합니다, 사장님. 생각보다 일찍 오셨네요. 사장님의 일을 먼저 마무리하시고 얘기를 나누는 것이 좋을 것 같습니다."

평소에 스폰서를 존경한 도일 씨의 마음이 묻어나는 말이었습니다.

"네, 잠시만 기다리세요. 잠깐 정리를 하고 시작합시다. 미팅 룸에서 차를 한 잔 들고 계세요."

10여 분 후 스폰서가 미팅 룸으로 들어왔습니다. 도일 씨는 이미 노트와 펜을 꺼내놓았고 스폰서가 마실 커피 한 잔도 준비해둔 상태였습니다.

"사장님, 아이스커피인데 시원할 때 빨리 드세요."

스폰서는 방긋 웃으며 아주 좋아했습니다.

"도일 사장님, 짧은 시간에 시원한 커피도 준비하시고…. 잘 먹겠습니다."

두 사람은 한 시간 정도 대화를 나눴습니다. 도일 씨는 스폰서에게 옷가게 사장을 만나게 된 계기와 그 사람에 대해 아는 것을 모두 이야기했습니다. 그리고 그 사람에게 자신이 말하고 싶고 보여주고 싶은 것에 대해서도 말했습니다.

스폰서는 도일 씨의 얘기를 조용히 경청한 후 자신이 도와줄 부분을 말했고 마지막에 서로 팀워크를 발휘하는 방법에 대해 알려주었습니다. 도일 씨는 자신이 해야 할 부분과 스폰서가 해줄 부분을 충분히 숙지했습니다. 미팅이 끝난 후 도일 씨는 기대감에 마음이 부풀어 올랐습니다.

'아, 이것이 팀워크구나. 더 열심히 해야지.'

집으로 돌아가는 발걸음이 어찌나 가볍던지 콧노래를 흥얼거리고 싶을 지경이었습니다.

드디어 그날이 오자 약속시간 두 시간 전에 도일 씨와 스폰서는 사무실에서 만났습니다. 그들은 옷가게 사장과 미팅할 내용을 점검하고 옷가게로 출발했습니다.

"도일 사장님, 우리가 서로 해야 할 부분을 잘 체크했으니 오늘 좋은 결과가 있을 겁니다. 저를 믿고 편안하게 행동하십시오."

그 말에 힘을 얻은 도일 씨는 고개를 끄덕였습니다.

옷가게 앞에서 두 사람은 옷매무새를 단정히 정리하고 옷가게 안으로 들어갔습니다.

"사장님, 안녕하세요."

도일 씨의 목소리가 들려오자 옷가게 사장은 미소를 지으며 반갑게 맞이했습니다.

"어서 오세요, 사장님!"

인사를 한 도일 씨는 곧바로 옷가게 사장에게 스폰서를 소개했습니다.

"사장님, 이분이 지난번에 말씀드린 전문가입니다. 제 사업을 열정적으로 도와주시는 사장님이지요."

소개가 끝나자 스폰서는 옷가게 사장에게 인사를 했습니다.

"안녕하세요, 사장님. 도일 사장님이 좋은 분을 만났다고 하시던데 듣던 대로 인상이 정말 좋네요."

그 말에 기분이 좋아진 옷가게 사장은 빙그레 웃었습니다.

그렇게 인사를 나눈 뒤 두 사람은 향이 좋은 커피를 앞에 놓고 옷가게 사장과 진지하게 대화를 나누기 시작했습니다. 도일 씨가 먼저 스폰서를 보고 얘기를 시작했습니다.

"사장님, 이 사장님께서 제품에 대해 궁금한 점이 있다고 하셨습니다. 그렇죠, 사장님?"

도일 씨의 질문에 옷가게 사장은 이런저런 궁금한 점을 스폰서에게 물어보기 시작했습니다. 사람을 대하는 기본적인 자세를 갖춘 스폰서는 옷가게 사장의 이야기를 충분히 들어주었습니다. 도일 씨는 그 옆에서 메모를 시작했습니다.

20분 정도 지났을 때 스폰서는 가방에서 제품 책자와 간단한 실험도구를 꺼내 데몬스트레이션을 했습니다. 옷가게 사장은 자신을 위해 열정을 다하는 그들이 마음에 들었고 심지어 편안한 느낌마저 들었습니다.

최선을 다해 설명하는 스폰서와 그 옆에서 하나라도 더 배우겠다며 열심히 기록하는 파트너를 보고 있자니 옷가게 사장은 마치 자신이 이미 같은 팀이라도 된 듯한 느낌이었습니다.

대화가 거의 끝나갈 즈음 스폰서는 옷가게 사장에게 정말로 원하는 것이 무엇인지 물었습니다. 사실 스폰서는 그 답을 알기 위해 긴 시간을 이들과 함께한 것입니다.

스폰서의 질문에 옆에 있던 도일 씨는 곧바로 그 사실을 눈치 챘습니다.

'아, 저 질문이 옷가게 사장이 네트워크 마케팅을 시작하는 계기가 되겠군.'

도일 씨는 이것을 직감하고 옷가게 사장이 말하는 것을 정확히 기록했습니다. 대답을 들은 스폰서는 옷가게 사장이 원하는 것을 이루려면 어떻게 하는 것이 현명한 일인지 설명했습니다. 그런 다음 옷가게 사장을 사업설명회에 초대했습니다.

초대 메시지를 받은 옷가게 사장은 즉각 답을 주지는 않았습니다. 그저 다음 기회에 꼭 참석하겠다는 모호한 답변만 했습니다.

　스폰서와 도일 씨는 약간 아쉬웠지만 앞으로 관계가 더 좋아지리라는 좋은 예감이 들었습니다.

　스폰서와 도일 씨는 옷가게 사장과 인사를 나눈 뒤 가게를 나왔습니다. 사무실로 가는 차에 오르자 스폰서가 말했습니다.

"도일 사장님, 다 좋았는데 초대에 성공하지 못한 것이 좀 아쉽네요."

　도일 씨는 웃으며 대답했습니다.

"사장님, 괜찮습니다. 오늘 수고가 많았습니다. 초대는 제가 하겠습니다. 오늘 사장님과 함께해서 정말 행복했습니다."

　스폰서도 크게 웃으며 말했습니다.

"저도 정말 좋았습니다. 우리가 앞으로도 이렇게 팀워크를 발휘하면 서로에게 큰 힘이 될 것입니다."

"사장님, 제가 더 큰 도움이 될 것입니다. 역시 스폰서이십니다."

　이 말이 끝나자 스폰서는 휴대전화를 꺼냈습니다.

"도일 사장님, 휴대전화를 꺼내보세요."

　영문을 모르던 도일 씨는 어리둥절한 표정으로 호주머니에서 휴대전화를 꺼냈습니다.

"도일 사장님, 제가 오늘 미팅 내용을 녹음했습니다. 사장님의 휴대전화로 전송할 테니 집에 돌아가 잘 들어보세요. 이렇게 녹음한 것을 다시 들어보면 느낌이 다를 것입니다."

그제야 도일 씨는 빙그레 웃으며 말했습니다.

"사장님, 정말 꼼꼼하시네요. 언제 이렇게 녹음까지 하셨어요? 집에 가서 들어보고 미흡한 부분을 연습하겠습니다."

도일 씨는 스폰서가 꼼꼼히 챙겨주자 더욱더 열심히 해야겠다는 생각이 들었습니다. 그는 집에 돌아가 자신이 메모한 것과 비교해 가며 잘 들어보리라고 결심했습니다.

바로 이것이 원 팀으로 비즈니스를 전개하는 모습입니다. 서로 존중하고 신뢰하는 원 팀의 팀원들은 기본적인 자세부터 다릅니다. 위의 이야기에서 스폰서는 파트너의 열정을 존중하고 파트너는 스폰서를 있는 그대로 신뢰합니다. 이런 관계가 멋진 팀워크를 이끌어내면 함께하는 소비자를 하나의 팀으로 흡수할 수 있습니다.

네트워크 마케팅 비즈니스에서 성공한 사람들은 이 사업을 다음과 같이 정의합니다.

'네트워크 마케팅은 자세 사업이다.'

이 말은 개개인의 능력보다 팀으로 함께하는 마음가짐이 성공에 더 중요하다는 뜻입니다. 네트워크 마케팅 사업에서는 흩어지면 실패하고 뭉치면 성공할 수 있습니다.

 **복제**

네트워크 마케팅 비즈니스의 확장은 복제에 달려 있습니다. 여기서 복제는 영어로 카피(Copy)가 아니라 듀플리케이션(Duplication)입니다. 즉, 단순 복사가 아닌 복제를 의미하는데 복제는 좋은 팀을 만드는 핵심 기술입니다.

성공자는 사업을 시작하는 초보 사업자에게 이렇게 말합니다.

"스폰서가 하라는 대로 하면 성공합니다."

초보 사업자는 이 말을 정확히 이해할 필요가 있습니다. 이 말은 복제를 잘하는 것이 팀을 성장시키고 성공하는 빠른 방법이란 뜻입니다. 그러면 무엇을 어떻게 복제하는 것이 좋을까요? 그것은 다음의 그림과 함께 설명하겠습니다.

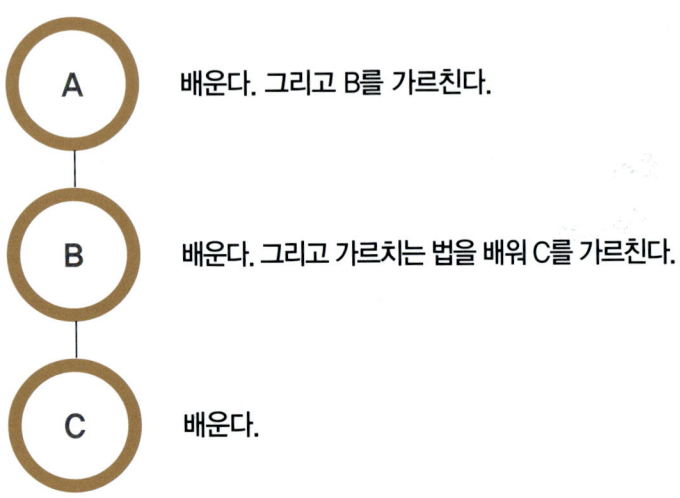

먼저 Ⓐ가 회사와 그룹의 교육 시스템에 참석해 사업을 배웁니다. 배우는 목적은 첫째 전문가가 되기 위해서이고, 둘째 배운 대로 가르치기 위해서입니다. 열심히 배워서 전문가가 된 Ⓐ는 사업을 준비하는 Ⓑ에게 자신이 배운 것을 가르칩니다.

Ⓑ는 Ⓐ에게 전문가가 되는 법과 가르치는 법을 배웁니다. 이 두 가지를 배운 Ⓑ는 다시 Ⓒ에게 배운 것을 가르칩니다. 이것이 복제 과정이자 팀을 만드는 방법입니다.

좀 더 구체적으로 설명을 하겠습니다.

일단 Ⓐ가 회사와 그룹이 지원하는 시스템에서 사업에 대해 배웁니다. 배움의 양이 늘어날수록 제품과 사업에 대한 확신이 강해지고 Ⓐ는 전문가로 거듭납니다. 전문가가 된 Ⓐ는 그 능력으로 Ⓑ를 리크루팅하고 Ⓑ는 Ⓐ의 전문성을 신뢰합니다.

Ⓑ는 Ⓐ에게 제품과 사업에 대해 배웁니다. 처음에는 모든 것이 생소하지만 전문가 Ⓐ가 시키는 대로 공부를 하니 갈수록 배우는 것이 재미있습니다. Ⓐ는 자신이 경험하고 깨달은 사업 노하우를 Ⓑ에게 자세히 알려줍니다. 그뿐 아니라 자신처럼 잘 가르치는 방법도 Ⓑ에게 알려줍니다.

이제 Ⓑ도 전문가가 되어 Ⓒ를 리크루팅하고 Ⓐ에게 배운 대로 Ⓒ를 가르칩니다. 그리고 Ⓐ에게 배운 그대로 가르치는 법을 Ⓒ에게 알려줍니다.

이제 이해가 갈 것입니다. 이 방법은 네트워크 마케팅에서 가장 잘 알려진 복제와 팀을 만드는 원리입니다. 이 방법을 실행하면 누구라도 팀을 만드는 전문가가 될 수 있습니다. 이것은 실행하기에 그리 어렵지도 않습니다. 하고자 하는 마음만 있으면 누구나 네트워크 마케팅 비즈니스에서 큰 팀을 구축할 수 있습니다.

 **후원수당**

　네트워크 마케팅 비즈니스에서는 팀을 만들면 그 대가로 현금 소득이 생깁니다. 자신과 마찬가지로 제품을 애용하는 사람, 소비자 유통망을 만드는 사람이 하나하나 늘어날수록 발생하는 소득도 늘어납니다. 네트워크 마케팅 비즈니스에서는 이 소득을 후원수당이라고 합니다.

　후원수당은 소비자나 사업 파트너를 후원했을 때, 회사가 그것을 인정해 지급하는 소득을 말합니다. 혹자는 후원수당을 제품을 판매하고 받는 것으로만 알고 있는데 이는 잘못된 생각입니다.

　후원수당은 일반적인 회사의 월급과는 차이가 있습니다. 월급은 회사에서 한 달 동안 일한 것에 대한 대가로 받는 고정적인 소득입니다. 반면 후원수당은 소비자나 사업자가 제품을 유통시키기 위해 노력한 대가로 주어지며 여기에는 한계가 없습니다.
　후원수당은 판매수당과도 다릅니다. 판매수당은 제품을 판매했을 때 발생하는 마진과 판매액이 일정 정도를 넘었을 때 추가로 받는 보너스를 말합니다. 후원수당은 제품 판매와 재판매는 물론 소비자가 제품을 잘 사용하도록 후원하는 것으로도 발생합니다.

월급과 판매수당은 한정적이고 한 번으로 끝나지만 후원수당은 무한하고 반복적으로 받을 수 있습니다. 이것이 월급과 판매수당, 후원수당의 차이점입니다.

구체적으로 후원수당은 어떤 활동을 했을 때 발생할까요? 그 내용을 한번 살펴봅시다.

첫째, 소비자를 발굴하고 그 소비자에게 제품 정보를 정확히 알려줍니다.
둘째, 소비자가 마니아 소비자가 될 수 있도록 지속적으로 관리를 합니다.
셋째, 소비자에게 사업 기회를 전달하고 사업을 잘 시작할 수 있게 도와줍니다.
넷째, 파트너 사업자가 사업을 잘 진행하도록 후원합니다.

네트워크 마케팅 회사는 이런 활동을 통해 어떤 결과를 냈을 때 소비자와 사업자에게 후원수당을 지급합니다.

첫째 항목은 일반 소비자가 제품을 사용하면서 자신과 같은 소비자를 만들었을 때 받는 후원수당입니다. 소비자나 사업자가 먼저 제품 마니아가 되면 또 다른 마니아를 만들 수 있는데, 그 마니아의 지속적인 제품 소비로 받는 후원수당이 둘째 항목입니다. 나머지 셋째, 넷째 항목은 네트워크 마케팅 비즈니스를 본업으로 하는 사람이 받을 수 있는 사업자 수당입니다.

물론 네트워크 마케팅 회사마다 다소 차이가 있긴 하지만 후원수당이 후원을 전제로 받는 급여라는 점은 모든 회사의 공통점입니다.

이제 후원수당과 팀을 연관지어 살펴봅시다.

위의 네 가지 항목 중에서 후원수당을 가장 많이 받을 수 있는 현명한 방법은 무엇일까요? 왜 이런 질문을 하느냐 하면 그 방법이 크고 좋은 팀을 만드는 지름길이기 때문입니다.

네트워크 마케팅 비즈니스는 네트워크 마케팅 회사와 소비자의 관계에서 출발합니다. 그런데 그 중간에 한 부류가 더 있습니다. 그것은 바로 독립 사업자입니다. 제품을 소비하던 소비자가 사업성을 느껴 적극적으로 소비자 유통망을 만들 경우 그 사람을 독립 사업자라고 합니다. 독립 사업자는 후원수당을 극대화하기 위해 소비자를 만드는 것도 좋지만, 소비자가 있는 자신 같은 독립 사업자를 만들면 더 큰 후원수당을 받을 수 있습니다. 여기에 해당하는 후원수당이 위의 셋째, 넷째 항목입니다.

이 두 가지 항목이 중요한 이유는 안정적이고 지속적인 후원수당과 연관이 있기 때문입니다. 또한 이것은 많은 사업자가 번번이 실수하는 항목이기도 합니다.

네트워크 마케팅 회사는 사업자가 소비자만 관리할 때보다 자신과 같은 사업자를 배출할 때 더 큰 후원수당을 줍니다. 무한대의 반복적인 후원수당을 받으려면 새로운 사업자, 즉 파트너 사업자가 사업을 잘 진행해야 합니다. 사업자는 바로 이 점에 주목할 필요가 있습니다.

사업자가 가망 사업자를 잘 안내해 새로운 사업자가 탄생하면 그 사업자에게 사업을 가르치고 함께 성장하는 것이 진정한 후원입니다. 제품을 잘 쓰는 방법을 가르치는 것은 물론 소비자와 사업자를 만들고 이들과 한 팀이 되어 진정한 리더가 되는 과정을 함께하는 것입니다. 이 경우 팀이 성장하고 그에 비례해 후원수당이 기하급수적으로 늘어납니다.

후원수당은 절대 불로소득이 아닙니다. 제대로 후원하지 않으면 이 수당은 받을 수 없습니다. 후원으로 팀을 만들고 모든 팀원이 후원수당을 받는 팀이 가장 바람직한 네트워크 마케팅 비즈니스 팀의 모습입니다.

좋은 팀을 위한 조력자

네트워크 마케팅 비즈니스는 팀을 만들기에 좋은 환경을 제공합니다. 그중 하나가 스폰서 제도 입니다. 스폰서 제도는 네트워크 마케팅 비즈니스의 독특한 장점인데, 일반적으로 자신보다 먼저 사업을 시작한 사람을 일컫는 말입니다.

네트워크 마케팅에서 스폰서 활용은 사업에 아주 중요한 영향을 미칩니다. 이 사업에는 자신에게 제품이나 사업을 전달한 사람을 비롯해 다양한 스폰서가 존재합니다. 이는 사업자에게 커다란 이점을 제공하므로 좋은 팀을 만드는 데 적극 활용할 필요가 있습니다. 그러면 스폰서의 종류를 구체적으로 살펴봅시다.

① 후원 스폰서

후원 스폰서는 말 그대로 자신의 사업을 후원하는 스폰서입니다. 보통은 후원 스폰서에게 제품과 사업을 전달받아 소비자나 사업자가 됩니다. 후원 스폰서는 사업을 진행할 때 가장 자주 만나고 거의 매일 함께하는 사업 파트너로 긴밀하게 팀워크를 발휘해야 하는 사람입니다.

'원 팀 만들기'의 이야기에 나오는 스폰서가 후원 스폰서일 가능성이 큰데, 사업자와 스폰서가 서로 존중하고 신뢰할 때 훌륭한 팀워크를 발휘할 수 있습니다. 여기서 기억해야 할 것은 자신의 스폰서의 스폰서도 후원 스폰서라는 점입니다. 모 광고의 '골라 먹는 재미가 있다'는 카피처럼 직접 후원해준 스폰서의 후원이 곤란할 경우 그 위의 여러 스폰서의 후원을 받을 수 있습니다. 이들 중에서 자신과 호흡이 잘 맞는 스폰서에게 후원을 요청하면 됩니다.

② 시스템 스폰서

시스템 스폰서는 그룹 내의 교육 시스템을 담당하는 스폰서입니다. 교육은 모든 제품 및 사업 정보를 알려주는 출발점으로 시스템 스폰서는 그룹 내에서 이것을 담당합니다. 시스템 스폰서는 그룹 내에서 인정받는 모범적인 사업자이자 전문적인 지식을 갖춘 사업자입니다.

신규 사업자가 시스템에 성실히 참여하면 시스템 스폰서와 긴밀한 관계를 유지하는 한편 최신 정보를 보다 빨리 얻을 수 있습니다. 이렇게 얻은 정보는 파트너 사업자들의 보다 큰 확신과 신뢰를 키워줍니다. 나아가 팀을 키우는 데 큰 도움을 줍니다.

③ 비즈니스 스폰서

비즈니스 스폰서는 사업적 안내를 해주는 스폰서입니다. 회사 행정, 보상과 사업 로드맵이 궁금할 경우 도움을 받을 수 있는 스폰서로 회사가 정한 리더의 자격을 갖춘 사업자입니다. 만약 후원 스폰서가 회사가 정한 리더의 자격을 획득하면 비즈니스 스폰서가 됩니다.

사업 초기에는 비즈니스 스폰서가 많은 도움을 주며 사업을 진행할 때도 점검 차원에서 빼놓을 수 없는 스폰서입니다. 자신의 팀에 비즈니스 스폰서가 많을수록 팀이 성장하고 있다는 증거이며 이들은 보다 많은 사람에게 사업을 함께할 기회를 제공합니다.

④ 톱 스폰서

톱 스폰서는 팀의 수장으로 사업에서 성공자의 대열에 오른 사람을 말합니다. 톱 스폰서는 팀 전체의 사업 방향을 결정하고 팀원들에게 비전과 동기를 부여해주는 리더 사업자입니다. 이들은 회사와 긴밀한 관계를 유지하며 제품 및 사업 정보를 팀에 전달합니다. 이를테면 팀 밖에서는 회사와 사업자의 중간 역할을 하고 팀 내에서는 팀원들이 사업에 집중할 수 있도록 여러 가지 일에 관여합니다.

특히 톱 스폰서는 팀 내에서 열정과 집중력 있게 사업을 하는 파트너 사업자를 적극 후원합니다. 자신 같은 성공자가 많이 배출될수록 팀의 성장 속도가 빠르기 때문입니다.

그 외에도 톱 스폰서는 팀의 규칙과 문화를 만들고 중요한 문제를 최종적으로 결정합니다. 이들에게는 오랜 사업 경험과 노하우가 있으므로 만약 성공을 간절히 바란다면 이들과 자주 미팅 및 상담을 하는 것이 좋습니다. 가장 중요한 것은 이들이 팀을 만드는 방법을 정확히 알고 있다는 사실입니다.

⑤ 회사 매니저

네트워크 마케팅 회사는 사업자의 비즈니스를 적극적으로 돕습니다. 회사마다 다소 차이는 있겠지만 네트워크 마케팅 회사는 대개 사업자를 지원하는 매니저 시스템을 갖추고 있습니다.

회사 매니저는 모든 사업자와 소통할 수 있는 통로를 열어두고 사업자의 비즈니스 상황을 파악합니다. 따라서 회사 행정이나 보상플랜 등의 사업 정보를 확인할 때, 사업적 성장을 위한 회사 자문이 필요할 때, 사업전개 시 애로사항이 생겼을 때 사업자는 회사 매니저와 직접 통화하거나 미팅을 통해 해결책을 모색할 수 있습니다.

회사 매니저는 팀을 만들고 성장시키기 위한 스폰서 시스템을 보좌하는 역할을 합니다. 즉, 사업자에게 도움을 요청할 스폰서가 없을 경우 언제든 도움을 주는 스폰서 시스템의 마지막 보루입니다.

지금까지 살펴본 후원 스폰서, 시스템 스폰서, 비즈니스 스폰서, 톱 스폰서 그리고 회사 매니저는 최고의 성공 조력자입니다. 이들은 사업을 시작할 때는 환경에 잘 적응할 수 있게 도와주고, 점점 시스템을 통해 전문가로 거듭나도록 지원을 합니다. 또한 힘들 때는 격려해주며 빠른 성장을 도와줍니다. 이러한 스폰서 시스템은 팀을 만들고 성장시키는 중요한 시스템입니다. 무엇보다 이 시스템은 네트워크 마케팅을 접한 순간부터 누구나 활용이 가능하며, 스스로 이런 스폰서가 되면 자동적으로 팀이 만들어집니다.

스타급 선수들이 많은 세계 최강의 팀이라 하더라도,
그들이 함께 협력해서 경기를 하지 않으면,
그 팀은 한 푼의 가치도 없다.

- 베이비 루스(前 메이저리그 선수) -

TEAM BUSINESS **07**

나를 **변화시키는** 비즈니스

나를 **변화시키는** 비즈니스

    사람들이 팀을 만드는 이유는 자신이 원하는 것을 얻기 위해서입니다. 사람이 두 명 이상 모이면 팀을 구성할 수 있는데, 이들이 한마음으로 움직일 경우 원하는 것을 손에 넣을 수 있습니다. 그런데 사람들이 한마음으로 뭉치는 것은 말처럼 쉽지 않습니다. 모든 사람이 내 맘 같지는 않기 때문입니다. 그렇다 보니 좋은 취지로 만든 팀이 하루아침에 깨지는 경우도 있습니다.

    이것은 네트워크 마케팅 비즈니스도 마찬가지입니다. 그러면 잘 되는 팀은 무엇이 다를까요? 좋은 팀을 만들기 위해서는 어떻게 해야 할까요? 그 해답은 바로 '나'에 있습니다. 내가 팀을 생각하는 마음이 어떠한지, 내가 팀의 일원으로서 어떻게 행동하고 있는지 생각해보면 그 답을 쉽게 찾을 수 있습니다.

팀원은 같은 에너지로 서로 연결되어 있습니다. 따라서 작은 불만 하나가 팀 전체의 사기를 떨어뜨릴 수도 있습니다. 작고 사소한 것일지라도 불평이 일단 내 입 밖으로 나가면 그것이 눈덩이처럼 커지는 것은 한순간입니다.

부정은 항상 긍정 위에 있기에 한 개의 불만이 열 개가 되고, 열 개가 백 개가 되는 것은 아주 빠르게 일어납니다. 그래서 나 자신부터 각성해야 합니다. 나 자신부터 긍정적으로 변해야 합니다. 팀원들의 마음을 바꾸기보다 나를 먼저 바꾸는 것이 팀이 잘되는 방법입니다.

물론 몇 십 년간 살아온 모습을 한순간에 바꾸는 것은 쉬운 일이 아닙니다. 그렇지만 팀은 항상 팀원들을 변화시킬 준비가 되어 있습니다. 개인이 변해야 팀이 하나가 되고 성장할 수 있기에 네트워크 마케팅 비즈니스 팀은 변화 프로그램을 지속적으로 운영하고 있습니다.

꿈을 찾아주는 프로그램

　꿈은 사람들을 행복하게 만들어주는 재주꾼입니다. 그래서 꿈이 있는 사람은 행복합니다. 꿈이 있는 사람은 스스로 동기를 부여하고 고난을 뛰어넘으며 실패해도 쉽게 좌절하지 않습니다. 꿈은 사람을 오뚝이로 만들어줍니다. 그런데 아쉽게도 세상의 많은 사람이 꿈을 잊고 살아갑니다. 먹고사느라 바쁘다 보니 그들에게는 꿈보다 현실이 더 중요한 것입니다. 그래도 중요한 사실은 명확한 꿈이 있어야 성공적인 인생을 살아갈 수 있다는 것입니다.

　네트워크 마케팅 비즈니스 팀은 이러한 꿈의 위력을 잘 알고 있습니다. 네트워크 마케팅 회사마다 사업자 혹은 소비자에게 꿈을 강조하는 이유가 여기에 있습니다. 꿈도 없이 힘든 삶을 살아온 이들이 네트워크 마케팅 비즈니스를 시작한 뒤 똑같은 길을 걷지 않도록 그들에게 꿈을 활용한 성공 방식을 알려주는 것입니다.

　네트워크 마케팅 비즈니스 팀은 꿈이 있는 사람과 함께하기를 원합니다. 꿈은 팀 전체를 긍정적으로 만들고 또한 성공의 열쇠이기 때문입니다. 이런 이유로 네트워크 마케팅 회사는 명확한 꿈이 없는 사람들에게 꿈을 찾아주는 프로그램을 우선적으로 지원합니다. 교육 시스템을 통해 꿈이 무엇인지, 왜 꿈이 있어야 하는지, 어떻게 꿈을 찾을 수 있는지 알려주는 것입니다.

　보물지도는 꿈을 찾는 사람들에게 가장 친숙한 도구입니다. 이것을 일명 '드림 보드'라고 하는데 이는 많은 성공자가 활용한 도구로 네트워크 마케팅 비즈니스에 입문하는 사람들의 성공을 도와주는 유익한 도구입니다.

　사람들은 비즈니스를 안내하는 스폰서나 교육 시스템을 통해 보물지도에 대해 배웁니다. 나아가 시간을 내 그것을 직접 만들어봅니다. 난생처음 꿈의 목록을 작성하고 자신의 꿈을 마음속에 그려보며 준비한 보드판에 꿈의 이미지를 오려 붙이기도 합니다. 이때 그들은 꿈을 갖는 것이 얼마나 행복한 일인지 체감하는 신기한 경험을 합니다.

　이렇게 시작한 꿈 찾기는 팀과 함께하면서 완성됩니다. 마치 엄마가 아이의 걸음마 연습을 도와주듯 파트너의 꿈 찾기를 선배 사업자, 즉 이미 꿈을 현실로 만든 사업자가 친절히 안내하는 것입니다. 이처럼 꿈과 함께 시작한 신규 사업자는 성공을 향해 열심히 나아갑니다.

　잠재되어 있다가 보물지도를 통해 겉으로 드러난 꿈은 자신의 생각과 태도를 긍정적으로 바꿔놓습니다. 더불어 꿈은 여러분이 성공자의 대열에 서게 하고 여러분이 함께하는 새로운 사람들의 인생에 좋은 영향을 줍니다. 팀은 꿈을 토대로 여러분을 성공한 리더로 만들어줄 것입니다.

봉사와 나눔의 문화

　봉사와 나눔은 이 세상을 행복하게 만들어주는 원동력입니다. 세상이 갈수록 각박해진다고 한탄하는 사람도 있지만 지금도 어디에선가 봉사와 나눔을 실천하는 사람이 있기에 세상은 아직도 살 만합니다.

　봉사와 나눔은 팀에서도 중요한 덕목인데 좋은 팀은 자발적으로 봉사하고 나눔을 실천하는 팀원들을 격려합니다. 그뿐 아니라 더 많은 팀원이 동참할 수 있는 환경을 만듭니다.

　네트워크 마케팅 비즈니스에서도 봉사와 나눔은 자신을 변화시키고 팀을 하나로 만드는 핵심 요소입니다. 혹자는 봉사와 나눔을 능력이 있고 성공한 스폰서의 의무라고 생각하지만, 사실은 그런 생각이 이기심을 조장해 팀워크를 해칩니다.

봉사와 나눔은 팀을 위해 반드시 필요한 요소입니다. 따라서 네트워크 마케팅 회사는 이것을 실천하도록 보상플랜과 나눔 캠페인을 만들었습니다. 네트워크 마케팅 비즈니스 팀은 그 의미를 정확히 이해하고 팀원들에게 지속적으로 교육시키고 있습니다.

① 보상플랜

네트워크 마케팅 비즈니스의 보상플랜은 많이 봉사하고 나눌수록 더 많은 돈을 벌 수 있는 구조입니다. 제품을 전달해준 소비자가 건강하고 아름다워지는 한편 함께하는 파트너가 사업을 잘하면 그 결과로 스폰서는 커다란 보상을 받습니다. 모든 네트워크 마케팅 회사의 보상플랜에는 이런 특징이 있습니다.

네트워크 마케팅 회사는 사업자들에게 세일즈맨처럼 제품만 많이 파는 것을 원하지는 않습니다. 물건을 가지고 다니면서 판촉 활동을 하라고 강요하지도 않습니다. 왜 그럴까요? 그런 방식으로는 큰 돈을 벌 수 없기 때문입니다.

회사의 보상플랜에는 돈을 버는 정확한 원리가 담겨 있습니다. 그 원리대로 실천하는 것이 많은 소득을 올리고 큰 팀을 만드는 올바른 방식입니다.

보상플랜은 회원들에게 팀을 만들 것을 주문합니다. 일단 사람들이 회원으로 가입하면 자신과 마찬가지로 소비자 회원을 만들 수 있는 권한을 부여받습니다. 그러한 권한이 있는 회원은 사람들에게 제품과 사업을 알립니다.

그 정보를 전달받은 사람은 회원으로 가입해 제품을 사용해보고 또 다른 회원을 만듭니다. 이 과정에서 소비자 회원이 늘어나는데 이는 곧 소비자 유통망 확장을 의미합니다. 그렇게 확장된 유통망에서 소비자가 제품을 구매하면 회사는 그 대가로 소비자 유통망을 만든 회원에게 후원수당을 지급합니다. 이 원리를 이해한 회원은 마니아 회원을 만들기 위해 소비자를 지속적으로 도와줍니다. 즉, 제품 정보를 꾸준히 제공하고 제품을 잘 쓸 수 있도록 옆에서 적극 도와줍니다. 이것이 네트워크 마케팅 비즈니스에서 말하는 소위 '봉사' 입니다. 아낌없이 봉사를 하면 자신의 이익을 극대화할 수 있습니다.

그러면 네트워크 마케팅 비즈니스에서 나눔은 어떻게 이뤄질까요? 이것도 보상플랜 원리에 담겨 있습니다. 제품을 사용해본 뒤 사업 기회를 인지한 소비자는 후원인과 함께 비즈니스를 검토합니다. 그 검토를 끝내고 비즈니스를 시작할 경우 소비자는 사업자가 됩니다. 이제 소비자와 후원인의 관계는 스폰서와 파트너의 관계로 바뀝니다.

보상플랜은 스폰서와 파트너의 관계에서 후원수당 극대화를 규정하고 있습니다. 스폰서는 보다 많은 파트너, 성장하는 파트너를 만들어 후원수당을 극대화할 수 있습니다. 이것을 이해한 스폰서는 보다 많은 소비자에게 제품 및 사업 정보를 알리고 소비자가 사업을 정확히 파악하도록 돕습니다.

일단 소비자가 사업자가 되면 스폰서는 그 사람을 더 가까이에서 도와줍니다. 그 사람이 사업을 잘할 수 있도록 지속적으로 정보를 제공하는 것은 물론 사업 노하우를 알려주는 것입니다. 예를 들면 힘든 일은 격려하고 좋은 일은 아낌없이 축하해줍니다. 이것이 바로 네트워크 마케팅 비즈니스에서 말하는 나눔입니다. 봉사와 마찬가지로 나눔도 타인에게 무한히 실천할수록 자신의 이익이 극대화됩니다.

세상에서는 누군가가 자신의 이익만 추구하면 반드시 선의의 피해자가 생기게 마련입니다. 그런데 네트워크 마케팅 비즈니스에서는 자신의 이익을 추구해도 혜택을 받는 사람이 생깁니다. 정말

신기하지 않습니까? 자신의 이익이 곧 타인의 이익이 되니까요.

보상플랜에는 이처럼 깊은 뜻이 담겨 있습니다. 따라서 보상플랜을 이해하면 팀은 저절로 커집니다. 네트워크 마케팅 비즈니스는 일부에서 오해하듯 타인의 돈을 가로채 자신의 배를 불리는 불법적인 일이 아닙니다. 어디까지나 팀과 함께 팀을 만들고 그 팀을 통해 자신의 인생을 바꾸는 위대한 일입니다.

② 문화 캠페인

네트워크 마케팅 회사는 나눔 캠페인을 각 팀의 문화로 정착시키려 노력하는데 그 덕분에 팀원들은 자부심을 갖습니다. 나아가 나눔 캠페인은 회원들에게 강력하게 동기를 부여합니다.

일단 소비자가 제품을 구입할 때마다 일정 부분을 봉사단체에 기부합니다. 후원수당의 일정 부분을 회원 스스로 기부할 수 있는 시스템도 운영하고 있습니다. 회사 자체적으로 불우한 이웃에게 도움의 손길을 제공하기도 합니다.

이런 방법은 회원들이 자연스럽게 나눔을 실천하도록 해줍니다. 나눔을 경험한 회원들은 회사에 대해 자부심을 갖고 그들이 속한 팀에서도 자기 자신보다 함께하는 사람들을 먼저 생각하는 자세를 보입니다. 나아가 팀 내에 나눔이 하나의 문화로 정착되기 시작합니다.

    회사가 운영하는 나눔 캠페인은 회원들이 나눔의 습관을 기르도록 해주고, 팀 내에 좋은 문화가 정착되면서 더불어 살아가는 것이 성장의 비결임을 깨닫게 합니다.

    네트워크 마케팅 비즈니스에서 여러분은 팀을 통해 변화합니다. 여러분의 변화는 곧 팀의 성장으로 이어지고 팀이 성장하면서 여러분은 성공의 길로 들어섭니다. 만약 여러분이 지금 변화를 두려워한다면, 변화하기가 어렵다면 여러분이 있어야 할 곳은 바로 네트워크 마케팅 비즈니스 팀입니다.

TEAM BUSINESS **08**

팀의 롤모델

TEAM BUSINESS 08

팀의 롤모델

　네트워크 마케팅에는 인생을 바꾸는 교육 시스템이 있고 이것은 평범한 사람을 리더로 변화시킵니다. 그래서 네트워크 마케팅 비즈니스 팀에는 리더가 많습니다. 그들은 모범적으로 솔선수범하고 인생을 스스로 개척해 나갑니다. 이들이 만든 팀은 서로를 존중하고 배려하는 한편 서로의 성공을 독려하고 축하합니다.

　지금 어떤 팀이 등산을 한다고 가정해봅시다. 그 팀에는 리더를 비롯해 그와 함께하는 팀원들이 있고 그들은 열심히 산을 오릅니다. 그런데 산중턱에 오르자 체력이 약한 몇 명이 고통을 호소하면서 등산에 돌발 상황이 생기고 말았습니다. 일정상 그 자리에서 쉬어갈 수 있는 상황이 아니었기에 리더는 팀원들에게 말합니다.

"우리 팀은 계속 등산을 해야 합니다. 힘든 사람은 여기서 조금 쉬었다가 다시 합류하고 도저히 더는 올라갈 수 없는 사람은 내려가십시오. 늦게라도 합류할 분들을 위해 조금 천천히 올라가겠습니다."

이런 일은 사회의 많은 팀에서 늘 일어나는 일입니다. 목표를 향해 질주할 때 리더는 목표를 달성하기 위해 역량이 부족한 팀원들을 '배려한다'는 명목으로 과감히 배제합니다. 팀이 대(大)를 위해 소(小)를 희생해야 한다는 것을 당연시하는 것입니다.

또 다른 팀도 등산을 합니다. 이 팀의 팀원들은 네트워크 마케팅 비즈니스를 함께 전개하고 있습니다. 그들은 열심히 산을 오릅니다. 그런데 산중턱에 오르자 체력이 약한 몇 명이 고통을 호소하면서 등산에 돌발 상황이 생기고 말았습니다. 정상이 멀지않은 상황에서 어떻게 해야 할지 고민하던 리더는 팀원들에게 말합니다.
"제가 먼저 올라가서 우리가 올라갈 길이 어떤지 살펴보겠습니다. 여러분은 조금 쉬면서 체력을 회복한 뒤 올라오십시오. 꼭 함께 올라와야 합니다."
그리고 체력이 좋은 몇몇 사람을 지목하면서 말합니다.

"여러분은 저와 함께 갑시다. 등산로 상황을 살펴보고 내려와서 남아 있는 사람들에게 알려주세요. 저는 먼저 가서 정상까지 안전하게 갈 수 있는 길을 찾아 알려드리겠습니다. 조금 후에 뵙겠습니다."

이처럼 네트워크 마케팅 비즈니스의 리더는 솔선수범합니다. 즉, 자신이 먼저 가시밭길을 걸어가 목표를 이루고 다른 팀원들이 좀 더 쉽게 목표를 이루도록 그 방법을 알려줍니다. 이들은 자신이 성공한 만큼 함께하는 팀도 성공하기를 간절히 바랍니다. 그래서 팀원들을 적극 돕고 혹시라도 낙오자가 생기지 않도록 최선을 다해 지원합니다.

어찌 보면 네트워크 마케팅 비즈니스의 리더는 일반적인 리더상과 거리가 멉니다. 그 차이는 팀을 구성하는 사람들의 가치와 자세가 다른 것에서 비롯됩니다. 그러면 네트워크 마케팅 비즈니스 팀은 어떤 사람들로 구성되어 있는지 살펴봅시다.

사장들의 모임

네트워크 마케팅 비즈니스에서는 팀을 구성하는 모두가 사장입니다. 그들은 모두 네트워크 마케팅 회사와 계약을 맺은 독립 사업자이자 '사장님'입니다. 사장은 남이 아닌 나를 위해 일합니다. 네트워크 마케팅은 내가 만든 소비자, 함께하는 사업자가 많을수록 더 많은 돈과 명예를 얻습니다.

사장은 매사에 능동적이고 일단 어떤 선택을 한 후에는 거침없이 행동하며 주인정신이 투철합니다. 그에 반해 직원은 수동적인 경향이 강하고 대우해주는 만큼만 일하려고 합니다. 일반 회사에서 사장은 직원들과 일할 때 많은 문제를 겪지만 네트워크 마케팅에서 사장은 그럴 일이 거의 없습니다.

사장들의 모임인 팀의 장점은 다음과 같습니다.

첫째, 모두가 주인입니다.

네트워크 마케팅 비즈니스는 주종관계가 아닌 원원관계입니다. 선배 사업자도 사장이고 후배 사업자도 사장입니다. 선배 사업자인 스폰서가 후배 사업자인 파트너에게 사업을 권하는 목적은 일을 함께해 수익을 나눠가질 파트너를 찾는 데 있습니다.

네트워크 마케팅의 보상플랜은 직접 소비자 유통망을 구축한 사람과 그 유통망을 함께 구축한 사람 모두에게 똑같이 보상을 해줍니다. 차이점은 먼저 시작한 사업자가 후배 사업자를 만들 때마다 그에 대한 대가를 추가로 더 준다는 것입니다. 결국 똑같은 조건의 보상을 받으므로 모두가 주인입니다. 모두가 주인이기에 행동도 다 같이 솔선수범합니다.

둘째, 사업가답게 행동합니다.

직장에 다니던 사람도, 집안일을 하던 주부도 네트워크 마케팅 비즈니스에 입문하면 사장입니다. 그들은 팀에서 사업가가 되는 교육을 받습니다. 사업이 어떤 것인지, 네트워크 마케팅이 왜 탁월한 사업인지 배우면 생각이 달라집니다. 그렇게 생각이 달라지면 행동도 달라집니다.

업무에 수동적이고 소극적이던 직장인, 사회생활에 대한 두려움이 컸던 주부도 어엿한 사장으로 다시 태어나 그에 걸맞게 말하고 행동합니다. 사업을 시작할 때 평범하던 사람들이 교육 프로그램을 통해 변화하면서 팀에는 사장들이 계속 늘어나고 동시에 팀은 눈부시게 성장합니다.

셋째, 도전을 즐깁니다.

사업가는 1퍼센트의 가능성만 있어도 도전합니다. 사업가에게 99퍼센트의 불가능은 의미가 없습니다. 지금까지 역사를 통해 입증된 사실 중 하나는 '도전은 아름다우며 그것은 성공자만 경험할 수 있는 특권'이란 것입니다. 네트워크 마케팅 비즈니스의 사장들은 도전하는 것이 최상의 성공 전략임을 알고 있습니다. 이에 따라 그들은 망설이며 도전하지 못하는 사람을 이끌어주고, 도전하는 사람을 격려하며 힘을 실어줍니다. '실패란 행동하지 않는 것'임을 누구보다 잘 아는 사람들이 네트워크 마케팅 사업자, 즉 사장입니다.

꿈이 있는 사람들의 모임

꿈이 있는 사람은 아름답습니다. 그리고 꿈이 있는 팀은 활기가 넘쳐흐릅니다. 꿈이 있는 사람과 꿈이 있는 팀이 공존하는 곳이 바로 네트워크 마케팅 비즈니스 세계입니다. 여성은 약해도 엄마는 강한 것처럼 사람은 약한 존재지만 꿈이 있는 사람은 강합니다. 그래서 네트워크 마케팅 회사와 각 팀은 이 사업을 시작하는 이들이 강력한 꿈을 갖도록 도와줍니다.

처음에는 '꿈'이라는 말조차 어색해하던 이들도 점차 그 생각만 해도 마음이 설레고 달성하고자 하는 욕구가 강해집니다. 네트워크 마케팅 회사의 대표, 사업을 도와주는 스폰서, 사업을 함께하는 파트너 등 모두가 꿈 이야기를 하는 이유가 여기에 있습니다.

네트워크 마케팅 회사 대표의 꿈, 사업을 도와주는 스폰서의 꿈, 사업을 함께하는 파트너의 꿈은 모두에게 행복한 팀을 만드는 원동력으로 작용합니다. 꿈을 잃고 살던 사람은 물론 꿈을 포기한 사람도 네트워크 마케팅 비즈니스를 하면 꿈을 찾고 그것을 실현하기 위해 노력합니다.

꿈을 이루지 못해 한이 맺힌 사람이 있다면 다른 무엇보다 꿈을 향해 매진하는 네트워크 마케팅 사업자들과 함께하십시오. 꿈은 긍정의 신호이자 에너지로 그것은 여러분의 꺼져가는 삶의 불씨를 되살려 불태우도록 해줄 것입니다.

부자들의 모임

정말로 큰 부자가 되고 싶습니까? 그렇다면 네트워크 마케팅 비즈니스를 적극 추천합니다. 왜냐하면 이 사업에서는 무한대의 수입이 가능하기 때문입니다.

네트워크 마케팅 비즈니스에서 성공은 곧 부자로 가는 길입니다. 그렇게 부자가 되면 누구나 부러워하는 시간적, 경제적 자유를 얻고 정신적 자유까지 누릴 수 있습니다. 더구나 네트워크 마케팅 비즈니스의 부자들에게는 세상의 일반적인 부자들과는 다른 특별한 무엇이 있습니다.

첫째, 나눔을 실천하는 행복한 부자입니다.

앞서 말했듯 네트워크 마케팅 회사와 팀은 나눔의 행복을 사업자들에게 알려줍니다. 그 행복을 맛본 사업자들은 팀과 회사에 대해 자부심을 느끼고 그 행복을 또 다른 누군가와 나눕니다. 행복을 나누니 함께하는 사람들이 늘어나고 결과적으로 나눔으로써 부자가 됩니다.

둘째, 실속 있는 부자입니다.

세상에는 많은 종류의 부자가 있습니다. 예를 들면 주식 부자,

부동산 부자, 현금 부자, 인세 부자 등이 있습니다. 그처럼 여러 유형의 부자 중에는 오래가는 부자도 있고 한순간에 거지가 되는 부자도 있습니다. 정말로 실속이 있는 부자는 부동산처럼 유형자산이 많은 부자가 아니라 인세 같이 무형자산이 많은 부자입니다.

인세, 로열티 등의 무형자산은 시간이 가고 세월이 흘러도 가치를 인정받습니다. 네트워크 마케팅 비즈니스에서는 인적 네트워크를 통해 제품이 유통될 때마다 일정 비율의 현금을 보상으로 받습니다. 이것은 가치 있는 인세나 로열티와 같은 개념입니다.

그래서 네트워크 마케팅 비즈니스의 부자들은 실속이 있습니다. 투자 대비 수익은 많고 세금은 적당하며 꾸준하고 무한대로 늘어나는 소득을 올리기 때문입니다. 그만큼 네트워크 마케팅 사업자는 실속 있는 부자들입니다.

셋째, 존경받는 부자입니다.

세상의 부자를 보면서 많은 사람이 '부모를 잘 만나 많은 유산을 물려받았거나 능력이 아주 뛰어난 사람일 것'이라고 생각합니다. 그뿐 아니라 부자 하면 흔히 탈세, 사기, 물불을 가리지 않는 수단 등 부정적인 생각을 많이 합니다.

물론 세상의 모든 부자가 다 그런 것은 아닙니다. 특히 네트워크 마케팅 사업자는 일반적인 부자들과는 생각과 가치관이 다릅니다. 그래서 존경을 받습니다.

그들은 자기 자신뿐 아니라 함께하는 사람들도 부자로 만듭니다. 함께하는 사람이 부자가 되어야 자신이 더 큰 부자가 된다는 것을 알기 때문입니다.

네트워크 마케팅을 통해 자수성가한 부자들은 돈의 가치를 잘 알기에 돈을 허투루 쓰는 법이 없습니다. 그들의 지출 목록 1순위는 가족과 타인의 행복을 위한 것이고 그다음이 자신의 발전입니다. 성공자의 이러한 가치관 덕분에 인생이 바뀐 사람들은 그를 존경하고 따릅니다.

많은 미래학자가 이미 오래전에 머지않아 네트워크 마케팅 비즈니스로 부자가 되는 사람들이 쏟아져 나올 거라고 예측했습니다. 앞으로 네트워크 마케팅 업계에서 타인의 성공을 돕고 부를 나누는 행복한 부자가 많이 탄생할 것입니다. 부자가 많은 행복한 네트워크 마케팅 비즈니스 팀과 함께하면 여러분도 곧 행복한 부자 대열에 합류하게 될 것입니다.

 **멘토와 멘티의 모임**

　스승의 역할을 하는 사람을 멘토(Mentor)라 하고 지도 또는 조언을 받는 사람을 멘티(Mentee)라고 하는데, 네트워크 마케팅 비즈니스에는 멘토와 멘티가 아주 많습니다. 각 팀이 멘토와 멘티로 구성되어 있다고 해도 과언이 아닙니다.

　네트워크 마케팅 비즈니스에서 성공하려면 사업을 보는 눈, 리더로서의 자질, 성공자 마인드를 갖춰야 합니다. 돈은 그 결과로 버는 것뿐입니다. 한마디로 네트워크 마케팅 비즈니스에서 성공이란 돈만 많이 버는 것을 뜻하지 않습니다.

　그래서 네트워크 마케팅의 성공자는 성공하고자 하는 많은 사업자의 존경과 부러움을 한 몸에 받습니다. 성공자와 함께하는 사람들은 그에게서 동기를 부여받고 사업도 배웁니다. 그 과정에서 성공자는 멘토의 역할을 합니다. 성공자 자체가 성공을 열망하는 많은 사람의 비전이기 때문입니다.

　세상에는 수많은 사람이 각자 주어진 일을 하면서 살아가지만 자신이 하는 일에 긍지를 갖고 있는 사람은 많지 않습니다. 오히려 직장상사를 보면서 미래의 비전이 보이지 않는다고 생각하는 마케팅 사업자는 일반적인 부자들과는 생각과 가치관이 다릅니다. 그래서 존경을 받습니다.

그들은 자기 자신뿐 아니라 함께하는 사람들도 부자로 만듭니다. 함께하는 사람이 부자가 되어야 자신이 더 큰 부자가 된다는 것을 알기 때문입니다.

네트워크 마케팅을 통해 자수성가한 부자들은 돈의 가치를 잘 알기에 돈을 허투루 쓰는 법이 없습니다. 그들의 지출 목록 1순위는 가족과 타인의 행복을 위한 것이고 그다음이 자신의 발전입니다. 성공자의 이러한 가치관 덕분에 인생이 바뀐 사람들은 그를 존경하고 따릅니다.

많은 미래학자가 이미 오래전에 머지않아 네트워크 마케팅 비즈니스로 부자가 되는 사람들이 쏟아져 나올 거라고 예측했습니다. 앞으로 네트워크 마케팅 업계에서 타인의 성공을 돕고 부를 나누는 행복한 부자가 많이 탄생할 것입니다. 부자가 많은 행복한 네트워크 마케팅 비즈니스 팀과 함께하면 여러분도 곧 행복한 부자 대열에 합류하게 될 것입니다.

 **멘토와 멘티의 모임**

    스승의 역할을 하는 사람을 멘토(Mentor)라 하고 지도 또는 조언을 받는 사람을 멘티(Mentee)라고 하는데, 네트워크 마케팅 비즈니스에는 멘토와 멘티가 아주 많습니다. 각 팀이 멘토와 멘티로 구성되어 있다고 해도 과언이 아닙니다.

    네트워크 마케팅 비즈니스에서 성공하려면 사업을 보는 눈, 리더로서의 자질, 성공자 마인드를 갖춰야 합니다. 돈은 그 결과로 버는 것뿐입니다. 한마디로 네트워크 마케팅 비즈니스에서 성공이란 돈만 많이 버는 것을 뜻하지 않습니다.

    그래서 네트워크 마케팅의 성공자는 성공하고자 하는 많은 사업자의 존경과 부러움을 한 몸에 받습니다. 성공자와 함께하는 사람들은 그에게서 동기를 부여받고 사업도 배웁니다. 그 과정에서 성공자는 멘토의 역할을 합니다. 성공자 자체가 성공을 열망하는 많은 사람의 비전이기 때문입니다.

    세상에는 수많은 사람이 각자 주어진 일을 하면서 살아가지만 자신이 하는 일에 긍지를 갖고 있는 사람은 많지 않습니다. 오히려 직장상사를 보면서 미래의 비전이 보이지 않는다고 생각하는 직장인, 자신의 직업을 절대 자녀에게 물려주지 않겠다고 말하는 부모가 더 많습니다. 다시 말해 멘토와 멘티가 함께하는 팀은 별로 없습니다.

네트워크 마케팅 비즈니스에서는 다릅니다. 이 사업에서 성공자는 강력한 멘토로서 성공을 멘토링하고 그 멘토링을 받는 사람들은 또 다른 누군가의 멘토가 됩니다. 더 놀라운 것은 부모의 성공을 보고 자란 자녀들이 부모를 존경하는 것은 물론 멘토로 생각한다는 점입니다.

네트워크 마케팅 비즈니스에서는 사람들을 성공으로 안내하는 멘토, 이를 잘 따르는 멘티가 함께합니다. 이는 세상 어느 곳에서도 보기 힘든 팀의 롤모델입니다.

TEAM BUSINESS **09**

긍정적인 **팀**의 **시너지 효과**

TEAM BUSINESS 09

긍정적인 **팀**의 **시너지 효과**

팀에는 에너지가 흐릅니다. 긍정적인 팀은 좋은 일을 끌어당기고 부정적인 팀은 나쁜 일을 끌어당깁니다. 이에 따라 두려움이 많은 사람도 긍정적인 팀과 함께하면 두려움을 이겨내고 희망을 갖습니다. 반대로 열정이 가득한 사람이 부정적인 팀과 함께하면 순식간에 열정이 꺾이고 맙니다.

네트워크 마케팅의 팀들은 긍정적입니다. 그래서 두려움이 많은 초기 사업자나 소비자도 팀이 한자리에 모이는 미팅에 참석하면 긍정적으로 변합니다. 이처럼 팀의 긍정적인 에너지는 개인의 많은 부분을 바꿔놓습니다. 즉, 생각을 바꾸고 용기를 북돋우며 행동할 수 있도록 이끌어줍니다.

평범한 개인에게는 성공이 잡힐 듯 잡히지 않는 오아시스와 같습니다. 그런 오아시스에 직접 가보도록 해주는 것이 팀의 힘입니다.

다음의 사례를 살펴봅시다.

사업설명회에 참석해 네트워크 마케팅 비즈니스의 비전을 본 용일 씨가 이제 구체적인 사업 계획을 세우기 위해 사업 정보를 준 스폰서와 미팅을 하고 있습니다. 용일 씨가 다소 두려운 표정으로 스폰서에게 묻습니다.

"스폰서 사장님, 저는 평범한 사람이지만 성공하고 싶습니다. 어떻게 하면 될까요?"

질문을 받은 스폰서는 밝게 웃으며 말합니다.

"용일 사장님, 이렇게 용기를 내 질문을 해주셔서 감사합니다. 사장님의 마음을 충분히 이해합니다. 저도 처음에는 그랬으니까요. 그리 큰 걱정을 할 필요가 없습니다."

이 말을 들은 용일 씨의 얼굴빛이 밝아집니다. 그가 스폰서를 유심히 바라보고 있자 스폰서가 다시 말을 시작합니다.

"사장님 옆에는 저를 포함해 위대한 팀이 있습니다. 우리도 개개인은 모두 평범하지만 팀으로 함께 움직여 각자 좋은 결과를 내고 있습니다."

용일 씨가 다시 질문을 합니다.

"사장님, 저는 아는 것이 없습니다. 사업이 좋은 줄은 알겠는데 무엇부터 해야 할지 모르겠습니다."

이 말을 들은 스폰서는 이해한다는 표정으로 질문에 답합니다.

"용일 사장님, 사업에 대해 잘 모르는 것이 당연합니다. 사실은 잘 모르는 것이 어설프게 아는 것보다 훨씬 좋습니다. 먼저 저와 함께 팀을 만들어봅시다. 사장님은 앞으로 하루에 10통 정도 안부전화를 하십시오. 사장님이 팀을 만들려면 우선 팀원이 될 만한 사람을 찾아야 합니다. 전화하는 방법, 만나는 요령, 초대 요령은 저와 팀이 알려드릴 겁니다. 지금은 그냥 알려주는 대로 하면 됩니다. 우리가 한 팀이고 함께 더 많은 팀을 만들 것이라는 사실을 항상 기억하십시오."

'팀? 그래 내게는 멋진 팀이 있지.'

용일 씨는 '팀'이라는 말이 가슴에 푸근하게 와 닿았습니다. 스폰서와의 미팅을 끝낸 용일 씨는 가슴이 벅차오르는 것을 느꼈습니다. 살아오면서 지금까지 한 번도 팀에 대해 진지하게 생각해본 적이 없던 용일 씨는 네트워크 마케팅 사업을 시작하면서 처음으로 진정한 내 편이 생겼음을 인식했습니다.

팀이란 이런 것입니다. 팀은 개인에게 커다란 용기를 주고 개개인을 새롭게 변화시킵니다. 어떤 문제, 어떠한 고난이 발생하더라도 팀과 함께하면 여러분은 아무런 두려움 없이 능숙하게 헤쳐 나갈 수 있을 것입니다.

네트워크 마케팅 비즈니스에는 여러분을 위한 이런 팀이 존재합니다. 이제부터 이 팀과 함께합시다. 팀과 함께하는 여러분은 결코 나약하지 않으며 오히려 위대한 존재입니다.

마치며

세상에는 많은 팀이 존재합니다. 지금 이 책을 읽고 있는 여러분도 그중 몇몇 팀에 속한 팀원일 것입니다. 그런데 안타깝게도 많은 사람이 자신에게는 팀이 없다고 생각합니다. 타인이 볼 때 여러분은 엄연히 팀의 소중한 일원입니다. 이 사실을 빨리 깨닫고 팀의 일원으로서 팀이 잘되도록 하는 일에 최선을 다 하십시오. 팀은 개인이 할 수 없는 것도 실현하게 해줍니다.

처음부터 팀을 잘 만드는 사람은 거의 없습니다. 팀을 만드는 데는 경험이 필요하기 때문입니다. 여러분에게 특별한 능력이나 환경이 주어지지 않았다면 이미 만들어진 팀을 활용하십시오. 네트워크 마케팅 비즈니스 팀이 그 좋은 대안입니다.

여러분이 혼자라는 생각이 들면 스스로 나약하다는 느낌이 들거나 두려움과 외로움이 한없이 밀려올 것입니다. 그럴 때 이 책을 읽기 바랍니다. 이 책을 읽으면 팀을 활용해 팀을 만들고 팀과 함께 성장하는 방법을 배울 수 있을 것입니다.

네트워크 마케팅
팀이란 무엇인가

파이프라인
성공의 비밀 팀에 있다
보상을 알면 사업이 보인다
위대한 선택
팀워크

팀비즈니스 팀으로 승부하라!
백만장자 길잡이

네트워크 마케팅 팀이란 무엇인가

초판 1쇄 발행 | 2016년 7월 5일
초판 10쇄 발행 | 2018년 1월 29일
출판등록번호 | 제2015-000155호

펴낸곳 | 도서출판 라인
지은이 | 도서출판 라인 기획팀

발행인 | 정 유 식
기 획 | 정 유 식
디자인 | 안 지 영

잘못된 책은 바꿔드립니다.
가격은 표지 뒷면에 있습니다

ISBN 979-11-87311-04-1

주소 | 서울시 강남구 선릉로90길 10 샹제리제빌딩
전화 | 02-558-1480
메일 | nubiz00@naver.com

Copyright ⓒ 2015 by 도서출판 라인
이 책은 도서출판라인이 저작권자와의 계약에 따라 발행한 것이므로 본사의 서면
허락 없이는 어떠한 형태나 수단으로도 이 책의 내용을 이용하지 못합니다.